📖🔍 特長と使い方

JN061425

◆ 15時間の集中学習で入試を攻略！

1時間で2ページずつ取り組み，計15時間(15回)で高校入試直前の実力強化ができます。強化したい分野を，15時間の集中学習でスピード攻略できるように入試頻出問題を選んでまとめました。

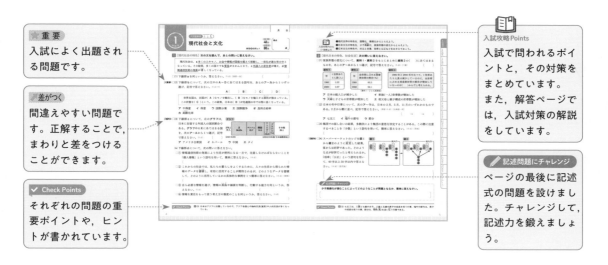

★ 重 要
入試によく出題される問題です。

差がつく
間違えやすい問題です。正解することで，まわりと差をつけることができます。

✔ Check Points
それぞれの問題の重要ポイントや，ヒントが書かれています。

📖 入試攻略Points
入試で問われるポイントと，その対策をまとめています。また，解答ページでは，入試対策の解説をしています。

✏ 記述問題にチャレンジ
ページの最後に記述式の問題を設けました。チャレンジして，記述力を鍛えましょう。

◆ 「総仕上げテスト」で入試の実戦力UP！

総合的な問題や，思考力が必要な問題を取り上げたテストです。15時間で身につけた力を試しましょう。

◆ 巻末付録「最重点 暗記カード」つき！

入試直前のチェックにも使える，持ち運びに便利な暗記カードです。理解しておきたい最重要事項を選びました。

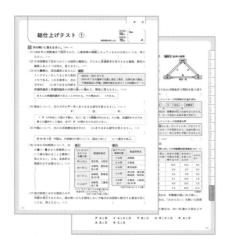

◆ 解き方がよくわかる別冊「解答・解説」！

親切な解説を盛り込んだ，答え合わせがしやすい別冊の解答・解説です。間違えやすいところに **① ここに注意**，入試対策の解説に **📖 入試攻略Points** といったコーナーを設けています。

📖✎ 目次と学習記録表

◆ 下の表に学習日と得点を記録して，自分自身の実力を見極めましょう。
◆ 1回だけでなく，復習のために2回取り組むことが，実力を強化するうえで効果的です。

			1回目 学習日	1回目 得点	2回目 学習日	2回目 得点
特長と使い方		1				
目次と学習記録表		2				
出題傾向，合格への対策		3				
1 時間目	現代社会と文化	4	/	点	/	点
2 時間目	人権思想の発展と日本国憲法	6	/	点	/	点
3 時間目	基本的人権の尊重	8	/	点	/	点
4 時間目	民主政治と政治参加	10	/	点	/	点
5 時間目	国民主権と国会	12	/	点	/	点
6 時間目	行政のはたらきと内閣	14	/	点	/	点
7 時間目	裁判所，三権分立	16	/	点	/	点
8 時間目	地方自治のしくみ	18	/	点	/	点
9 時間目	消費生活と経済	20	/	点	/	点
10 時間目	生産のしくみと労働	22	/	点	/	点
11 時間目	市場のしくみと金融	24	/	点	/	点
12 時間目	財政のしくみとはたらき	26	/	点	/	点
13 時間目	社会保障と環境の保全	28	/	点	/	点
14 時間目	国際社会のしくみ	30	/	点	/	点
15 時間目	国際社会の課題	32	/	点	/	点
総仕上げテスト ①		34	/	点	/	点
総仕上げテスト ②		36	/	点	/	点
総仕上げテスト ③		38	/	点	/	点

試験における実戦的な攻略ポイント5つ，受験日の前日と当日の心がまえ ……………………………… 40

【写真提供】首相官邸ホームページ　ハイデルベルク大学図書館　ピクスタ

出題傾向

◆ 「社会」の出題割合と傾向

〈「社会」の出題割合〉

公民
約24%

地理
約33%

歴史
約43%

〈「社会」の出題傾向〉

- 3分野からバランスよく出題されている。
- 地図や写真，統計資料，歴史史料などを利用する設問が増えている。
- 記号選択が多く，次に用語記述が多い。また，多くの地域で文章記述問題が出題される。
- 地域によっては，大問の中で複数の分野にまたがる分野融合問題が出題される場合がある。

◆ 「公民」の出題傾向

- 多くの地域では，政治と経済からバランスよく出題されているが，不定期に国際分野が出題されることがあるので，用心しておこう。
- 国家主権や地方創生に関する出題が増えている。
- 経済や国際社会に関する内容では，家計，消費者の権利，環境問題，エネルギー問題が取り上げられやすい。

合格への対策

◆ 教科書の内容を徹底的に復習しよう

- 公民の入試で問われる知識は，教科書レベルの内容が中心のため，「教科書内容の理解を深めること＝合格への王道」です。
- 各分野の重要事項は，関連する用語・しくみを図表などで整理して覚えよう。

◆ 入試問題を知り，慣れよう

教科書や参考書・問題集で理解したり，覚えたりした知識が，入試問題を解くときに使いこなせるかどうかを練習問題で確認しよう。

◆ 誤りの原因を分析→復習をくり返す→弱点をつぶして得点源に

- 誤った問題は「なぜ，誤ったのか？」という原因を分析しよう。「重要知識を覚えていなかった」「ケアレスミス」など，原因はさまざまです。分析後，関係する基本事項を確認して解き直し，根気よく復習して弱点をつぶそう。
- 社会科は，短期間でよく復習して重要知識を記憶に定着させることが大切です。

入試重要度 A B C

現代社会と文化

時間 **40**分
合格点 **80**点
解答➡別冊 p.1

月　日

得点

点

1 [現代社会の特色] 次の文を読んで，あとの問いに答えなさい。

> 現代社会は，a 多くの人やモノ，お金や情報が国境を越えて移動し，一体化が進む世の中となっている。その結果，多くの国々で b 貿易がさかんとなり，c 外国人の居住者が増え，d 情報通信技術の発展が著しくなっている。

□(1) 下線部 a を何というか，答えなさい。(5点)〔長野−改〕　　　　　（　　　　　　　　）

✿重要 □(2) 下線部 b について，次の文中の A〜D にあてはまる語句を，あとのア〜カから1つずつ選び，記号で答えなさい。(5点×4)

A（　　）　B（　　）　C（　　）　D（　　）

> 世界各国は，自国が（ A ）なモノを輸出し，（ B ）なモノを輸入する傾向が強まっている。この状態を（ C ）という。この結果，日本は（ D ）が先進国の中では特に低くなっている。

ア 不得意　　イ 得意　　ウ 国際分業　　エ 国際競争　　オ 食料自給率
カ 高齢化率

⧉差がつく □(3) 下線部 c について，右の**グラフ**は，日本に在留する外国人の国別割合である。**グラフ**中の **X** にあてはまる国を，次の**ア〜エ**から1つ選び，記号で答えなさい。(5点)　（　　　　）

グラフ

276.1万人	X 26.0%	ベトナム 15.7	韓国 14.8	フィリピン 10.0	ブラジル 7.4	その他 26.1

(2021年末)　　　　　　　　　　　　　　（2022/23年版「日本国勢図会」）

ア アメリカ合衆国　　イ ネパール　　ウ 中国　　エ タイ

(4) 下線部 d について，次の問いに答えなさい。

□① 情報通信技術の発展により生活が便利になる一方で，注意しなければならないことを「個人情報」という語句を用いて，簡単に答えなさい。(10点)
（　　　　　　　　　　　　　　　　　　　　　　　　　　　　　　　　）

□② これからの社会では，私たちの暮らしをよくするために，人々の生活から得られた情報のデータを蓄積し，有効に活用することが期待されるが，どのようなデータを蓄積して，どのように活用しているかの具体的な事例を1つ簡単に答えなさい。(10点)〔群馬〕
（　　　　　　　　　　　　　　　　　　　　　　　　　　　　　　　　）

□③ 自ら必要な情報を選び，情報の真偽や価値を判断し，行動する能力を何というか，答えなさい。(5点)
（　　　　　　　　　　　　　）

□④ 情報を責任をもって使う考え方や態度のことを何というか，答えなさい。(5点)
（　　　　　　　　　　　　　）

✔ Check Points　**1** (3) 日本はアジアに位置しているので，アジア各国との物的交流（貿易）や人的交流が多くなっている。

●現代世界の特色を，国際化，情報化からとらえよう。
入試攻略Points
（→別冊 p.1）
❷日本文化の特色を，少子高齢化，家族形態の変化からとらえよう。
❸日本文化の特色や，対立と合意，効率と公正などをおさえておこう。

2 ［現代日本の特色，社会生活］**次の問いに答えなさい。**

□(1) 家族形態の変化について，**資料1・資料2**をもとにまとめた**資料3**の（　　）にあてはまる
ものを，あとの**ア～エ**から1つ選び，記号で答えなさい。(5点)〔三重〕　　（　　）

資料1

年	1世帯あた り人員(人)
1980	3.22
2000	2.67

資料2

年	全世帯に占める核家 族世帯の割合(%)
1980	60.3
2000	59.1

(資料1・2とも総務省)

資料3

1980年と2000年を比べて，1世帯あ
たり人員は減少しているのに，全世帯
に占める核家族世帯の割合が増加して
いないのは（　　）からだと考えられる。

ア 日本の総人口が減少した　　　　　　**イ** 単独（一人）世帯数が増加した
ウ 夫婦と子どもの世帯数が増加した　　**エ** 祖父母と親子構成の世帯数が増加した

□(2) 日本の年中行事について，次の**ア～ウ**は，日本の2月，5月，11月のいずれかのもので
ある。2月から順に並べ，記号で答えなさい。(完答15点)〔北海道－改〕

（　　　→　　　→　　　）

ア 七五三　　**イ** 端午の節句　　**ウ** 節分

□(3) 集団での話し合いの結果，多数決により集団の意思を決定することがある。この際に注意
するべきことを「少数」という語句を用いて，簡単に答えなさい。(10点)〔茨城〕
（　　　　　　　　　　　　　　　　　　　　　　　　　　　　　　　　　　）

✐差がつく □(4) スーパーマーケットのレジを**図1**
から**図2**のように変更した結果，
客からは好評であった。どのよう
な点が好評だったと考えられるか。
「効率」「公正」という語句を用い
て，40字以上50字以内で答えな
さい。(10点)〔鹿児島〕

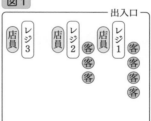

[　　　　　　　　　　　　　　　　　　　　　　　　　　　　　　　　　　　]

✏ 記述問題にチャレンジ

少子高齢化が進むことによってどのようなことが問題となるか，簡単に答えなさい。

[　　　　　　　　　　　　　　　　　　　　　　　　　　　　　　　　　　　]

✔ Check Points　**2** (2) 七五三は，三歳と七歳の女子，三歳と五歳の男子の成長を祝う行事，端午の節句は，男子
の成長を祝う行事，節分は，邪気(鬼)を追い払う行事である。

1時間目
2時間目
3時間目
4時間目
5時間目
6時間目
7時間目
8時間目
9時間目
10時間目
11時間目
12時間目
13時間目
14時間目
15時間目
総仕上げテスト

入試重要度 A **B** C

人権思想の発展と日本国憲法

時 間 **40**分
合格点 **80**点
得点

点

月　日

解答➡別冊 p.2

1 ［人権思想と憲法］次の文を読んで，あとの問いに答えなさい。

> ヨーロッパの絶対王政の時代には，国王が絶対的な権力を握っていたが，市民革命を経て，人は等しく基本的人権をもつという思想が打ち出された。それらを唱えた人物として，『統治二論』を著した ＿＿**A**＿＿，『社会契約論』を著した ＿＿**B**＿＿ などがあげられる。そして 1948 年には，国際連合が，各国が保障すべき人権の基準として ＿＿**C**＿＿ を採択した。

□(1) 文中の**A〜C**にあてはまる人物・語句を答えなさい。(3点×3)〔久留米大附高 – 改〕

A（　　　　　　　） **B**（　　　　　　　） **C**（　　　　　　　）

□(2) 人の支配と法の支配を比較して説明した右の文中の □□□□ にあてはまる内容を，「国民」という語句を用いて，簡単に答えなさい。(5点)〔北海道〕

（　　　　　　　　　　　　　　　）

□(3) 『社会契約論』を和訳し，「東洋のルソー」といわれた人物はだれか，答えなさい。(3点)〔久留米大附高 – 改〕

（　　　　　　　　　）

> 人の支配では，右の**図**のように，国王が直接国民に権力を行使したり，国王が思うままに制定した法によって権力を行使したりするため，人権は保障されない。一方，法の支配では，□□□□ によって国王や政府の権力が制限されるため，人権は保障される。

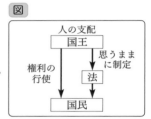

図

人の支配

国王

権利の行使 ｜ 思うままに制定

法

国民

/差がつく (4) 次の各文の下線部には誤りがそれぞれ 1 か所ある。その記号を答え，正しく改めなさい。(4点×8)〔久留米大附高 – 改〕

□① 社会契約説を唱える人々のうち，**a** ピューリタン革命のときに**b** ロックが権力分立を，**c** フランス革命のころに**d** ルソーが「国の権力はもともと国民のものだ」と人民主権（国民主権）を主張した。　記号（　　）・（　　　　　　　）

□② 18 世紀的人権といわれる**a** 自由権と平等権に加えて，経済的な不平等をなくそうという考えにたって**b** 社会権が認められるようになった。この権利を世界で初めて定めた憲法は，**c** フランスの**d** ワイマール憲法である。　記号（　　）・（　　　　　　　）

□③ **a** ドイツ憲法を参考にして，大日本帝国憲法は**b** 民定憲法として制定され，臣民の権利は**c**「法律の範囲内」で認められた。また，臣民には，納税の義務と**d** 兵役の義務が課せられた。　記号（　　）・（　　　　　　　）

□④ **a** 1946 年 11 月 3 日に**b** 公布された日本国憲法は，三大原則の 1 つである平和主義については，**c** 第 9 条で「**d** 主権の発動たる戦争と，武力による威嚇又は武力の行使は，国際紛争を解決する手段としては，永久にこれを放棄する」と定めている。

記号（　　）・（　　　　　　　）

✔ Check Points　　**1** (4) ①ロックは基本的人権を，ルソーは人民主権（国民主権）を，モンテスキューは三権分立をおもに唱えた。

6

1 時間目
2 時間目
3 時間目
4 時間目
5 時間目
6 時間目
7 時間目
8 時間目
9 時間目
10 時間目
11 時間目
12 時間目
13 時間目
14 時間目
15 時間目
総仕上げテスト

入試攻略Points
（→別冊 p.3）

❶市民革命の動きと宣言文，ロック，ルソー，モンテスキューの啓蒙思想家の主張を整理しておさえておこう。

❷日本国憲法の三大原則，三大義務，憲法改正の手続きを整理しておこう。

2 ［日本国憲法］**憲法をテーマに作成した次のレポートを読んで，あとの問いに答えなさい。**

○明治時代に発布された（ **A** ）憲法では，主権は天皇にあると定められていた。

○日本国憲法は，（ **B** ）に公布され，（ **C** ）に施行された。

○日本国憲法は，国の（ **D** ）として定められ，法律は憲法を頂点として構成されている。

○日本国憲法は国民主権，（ **E** ）の尊重，平和主義の三大原則より成り立っている。

○日本国憲法で定められている義務は，子どもに（ **F** ）を受けさせる義務，勤労の義務，納税の義務の３つである。

○日本国憲法第12条では，「この憲法が国民に保障する自由及び権利は，国民の（ **G** ）の努力によつて，これを保持しなければならない。又，国民は，これを濫用してはならないのであつて，常に（ **H** ）のためにこれを利用する責任を負ふ。」と定めている。

★重要 □(1) レポート中の**A～H**にあてはまる語句・年月日を答えなさい。(3点×8)〔兵庫－改〕

A（　　　　　）　B（　　　　　）　C（　　　　　）　D（　　　　　）

E（　　　　　）　F（　　　　　）　G（　　　　　）　H（　　　　　）

(2) レポート中の下線部について，次の問いに答えなさい。

□① 日本国憲法では，天皇をどのように位置づけているか，簡単に答えなさい。(6点)

（　　　　　　　　　　　　　　　　　　　　　　　　　　　　　　　）

□② 日本国憲法で定められている国事行為を，次の**ア～エ**から１つ選び，記号で答えなさい。(3点)　　　　　　　　　　　　　　　　　　　　　（　　　）

ア 条約の締結　　**イ** 内閣総理大臣の指名　　**ウ** 国会の召集　　**エ** 国務大臣の任命

差がつく □(3) 次の文は，日本国憲法改正のための手続きについて述べたものである。文中の**a～f**にあてはまる語句を答えなさい。(3点×6)〔熊本－改〕

a（　　　　　）　b（　　　　　）　c（　　　　　）

d（　　　　　）　e（　　　　　）　f（　　　　　）

日本国憲法の改正には，まず改正案が各議院に提出され，（ **a** ）議員の（ **b** ）以上の賛成で，国会が（ **c** ）し，国民投票で（ **d** ）の賛成によって承認され，（ **e** ）が国民の名で（ **f** ）する。

✏ 記述問題にチャレンジ

国民主権の意味を「政治」「最終的」という語句を用いて，簡単に答えなさい。

〔　　　　　　　　　　　　　　　　　　　　　　　　　　　　　　　　　　　　〕

✔ Check Points　**2** (2) ①「天皇は，日本国の象徴であり日本国民統合の象徴であつて，この地位は，主権の存する日本国民の総意に基く。」（日本国憲法第1条）

月　日

入試重要度 **A** B C

基本的人権の尊重

時間 **40**分　得点
合格点 **80**点　　点

解答⇒別冊 p.3

1 [基本的人権] 次のア～サの文は，日本国憲法の条文である。これについて，あとの問いに答えなさい。

> ア　何人も，法律の定める手続によらなければ，その生命若しくは（ **A** ）を奪はれ，又はその他の刑罰を科せられない。
>
> イ　すべて国民は，（ **B** ）の下に（ **C** ）であつて，人種，信条，性別，社会的身分又は門地により，政治的，経済的又は社会的関係において，差別されない。
>
> ウ　すべて国民は，（ **D** ）の権利を有し，義務を負ふ。
>
> エ　国及びその機関は，（ **E** ）教育その他いかなる（ **E** ）的活動もしてはならない。
>
> オ　何人も，いかなる奴隷的拘束も受けない。又，犯罪に因る処罰の場合を除いては，その意に反する苦役に服させられない。
>
> カ　何人も，（ **F** ）に反しない限り，居住，移転及び（ **G** ）の自由を有する。
>
> キ　何人も，公務員の不法行為により，損害を受けたときは，法律の定めるところにより，国又は公共団体に，その賠償を求めることができる。
>
> ク　集会，結社及び言論，出版その他一切の（ **H** ）の自由は，これを保障する。
>
> ケ　すべて国民は，（ **I** ）で（ **J** ）な（ **K** ）の生活を営む権利を有する。
>
> コ　何人も，裁判所において裁判を受ける権利を奪はれない。
>
> サ　すべて国民は，法律の定めるところにより，その（ **L** ）に応じて，ひとしく教育を受ける権利を有する。

□(1) ア～サの各条文中のA～Lにあてはまる語句を答えなさい。(4点×12)〔大阪教育大附高(平野)－改〕

A（　　　）B（　　　）C（　　　）D（　　　）
E（　　　）F（　　　）G（　　　）H（　　　）
I（　　　）J（　　　）K（　　　）L（　　　）

□(2) ア～サの各条文の中から，**X** 精神の自由，**Y** 経済活動の自由，**Z** 身体の自由に関する規定をすべて選び，記号で答えなさい。(3点×3)〔大阪教育大附高(平野)－改〕

X（　　　）Y（　　　）Z（　　　）

□(3) ケの条文は日本国憲法第25条第1項であり，社会権の中で基本となる権利である。その権利を何というか，答えなさい。(4点)〔三重－改〕（　　　）

差がつく □(4) 次の文は，日本国憲法に関する最高裁判所の判例を簡単に説明したものである。最も関係のある条文を，**ア～サ**から1つ選び，記号で答えなさい。(3点)（　　　）

> 薬局の開設に際し，既存の薬局からの距離を定めた薬事法の規定を違憲とした。(1975年)

✔ Check Points　**1** エは日本国憲法第20条第3項の規定で，政治と宗教の分離(政教分離)の原則を示す。社会権にはケのほか，ウの勤労の権利，サの教育を受ける権利や労働基本権(労働三権)が含まれる。

入試攻略Points
（→別冊 p.4）

❶基本的人権の本質（憲法第97条）及び基本的人権の享有（憲法第11条）と濫用の禁止（憲法第12条）を一対のものとして整理しておさえておこう。

❷環境権，プライバシーの権利，知る権利，自己決定権などの新しい人権をおさえよう。

(5) 平等権に関して，次の問いに答えなさい。(3点×3)

★重要 □① 右の**写真**は，床面が低く設計されているバスの様子を示したものである。障がいのある人や高齢者などが，社会の中で安全・快適に暮らせるよう，身体的，精神的，社会的障壁を取り除くことを何というか，答えなさい。〔山形〕

写真

（　　　　　　　）

★重要 □② 男女平等に関して，1985年，雇用面での女性差別を禁止する（　a　）が制定され，1999年には，男女が対等な立場で社会形成を目ざす（　b　）が制定された。**a・b**にあてはまる語句を答えなさい。〔富山－改〕

a（　　　　　　　）　b（　　　　　　　）

(6) 新しい人権について，次の問いに答えなさい。

□① 「知る権利」の根拠となる条文を，**ア〜サ**から1つ選び，記号で答えなさい。(3点)

（　　　　　　　）

差がつく □② 右の**写真**の**X**の建物は周りの建物の日当たりに配慮して建てられている。**c**この配慮されている権利を何というか，答えなさい。また，**d**その権利を保障するためにこの建物に施されている工夫と，その工夫が周りの建物にもたらす効果について，「日当たり」という語句を用いて答えなさい。

写真

（c…4点，d…10点）〔北海道〕

c（　　　　　　　）

d（　　　　　　　　　　　　　　　　　　　　）

□③ インターネットを利用する際に，自分の人権や他人の人権を守るために注意しなければならないことを，**資料1・資料2**を参考に，簡単に答えなさい。(10点)〔群馬〕

資料1

あなたのカキコミ，
大丈夫？　法務省

資料2 インターネットによる人権侵害件数

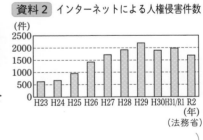

（　　　　　　　　　　　　　　　　　　　　）

🖊 **記述問題にチャレンジ**

医療分野で定着しつつあるインフォームド-コンセントについて，簡単に答えなさい。〔鹿児島〕

〔　　　　　　　　　　　　　　　　　　　　　〕

✔ **Check Points**　**1** (6) ③インターネットは双方向通信が可能である。「あなたのカキコミ，大丈夫？」から，書き込むことと人権侵害の関係を考える。

入試重要度 **A** B C

民主政治と政治参加

時間 **40**分
合格点 **80**点
解答➡別冊 p.4

月　日

得点

点

1 ［民主政治と選挙］次の文を読んで，あとの問いに答えなさい。

> 民主政治を行うには，人々が直接話し合い物事を決めるのが理想だが，現代社会では難しいため，選挙で代表者を選び代表者が話し合って物事を決める（　　　）が多くの国で採用されている。

□(1) 文中の（　　　）にあてはまる語句を漢字5字で答えなさい。(6点)　（　　　　　）

□(2) 文中の下線部について，わが国において，その方法や選挙権年齢などの選挙制度を定めている法律を何というか，答えなさい。(6点)〔愛媛〕　（　　　　　）

差がつく □(3) **資料1**で1945年と2015年を比べると，全人口に占める有権者の割合が大きく変化している。その理由を有権者の年齢を明らかにしたうえで，簡単に答えなさい。(10点)

（　　　　　　　　　　　　　　　　　　　　　　　）

資料1

	法公布年	1889	1900	1919	1925	1945	2015
	実施年	1890	1902	1920	1928	1946	2016

有権者数（万人）　全人口に占める有権者の割合　(1.1%) (2.2%) (5.5%) (20.0%) (48.7%) (83.6%)

(総務省)

★重要 □(4) **資料2**の投票用紙の変化は，選挙における四原則のどれを反映したものか，次の**ア～エ**から1つ選び，記号で答えなさい。(6点)〔秋田〕　（　　　）

ア 直接選挙　　**イ** 秘密選挙
ウ 平等選挙　　**エ** 普通選挙

資料2 明治時代と現代の投票用紙の比較

明治時代（第1回衆院選）　投票者の氏名と住所を記入する欄　現代（第48回衆院選）　候補者の氏名を記入する欄

※上の図は，投票用紙を模式的に示したものである。

□(5) 参議院議員と都道府県知事の被選挙権は満（ **X** ）歳以上であり，衆議院議員や市(区)町村長や地方議会議員の被選挙権は満（ **Y** ）歳以上である。**X・Y**にあてはまる数字を答えなさい。(5点×2)　**X**（　　　）**Y**（　　　）

★重要 □(6) **資料3**は，**A**党，**B**党，**C**党が各6人の候補者を立てて行われた投票の結果である。これをもとに，次の①と②の場合における当選者数を求め，その人数を答えなさい。(5点×4)

資料3

	1区	2区	3区	4区	5区	6区
A党（A党候補者）の得票数	70	50	40	60	50	30
B党（B党候補者）の得票数	30	20	50	20	60	20
C党（C党候補者）の得票数	20	10	10	20	20	20

□① 小選挙区制で議員を選んだ場合の**A**党の当選者数。（　　　）人

□② 1区～6区を1つの選挙区とし，比例代表で合計6人の議員を選んだ場合の各党の当選者数。　　**A**党（　　　）人　**B**党（　　　）人　**C**党（　　　）人

□(7) 小選挙区制の問題点を，「死票」という語句を用いて，簡単に答えなさい。(10点)

（　　　　　　　　　　　　　　　　　　　　　　　）

✔ Check Points　**1** (6) ②比例代表制は，政党の得票数を1，2，3…と順に割っていき，得られた値（あたい）の大きい方から順に議員定数まで選んでいくドント式で行われている。

📖 入試攻略Points
（→別冊 p.5）

❶小選挙区制，大選挙区制，比例代表制の特徴（とくちょう）をおさえておこう。
❷衆議院議員の選出方法をおさえておこう。
❸政党，マスメディアの特徴などをおさえておこう。

2 ［選挙］ 次の問いに答えなさい。

差がつく □(1) 右の**表**を見て，「一票の価値」について，次の文中の**a**～**c**にあてはまる数字・語句を答えなさい。（a・b…6点×2，c…10点）
〔千葉－改〕

a（　　　）　b（　　　）
c（　　　）

表 参議院議員選挙における都道府県ごとの選挙区の有権者数と議員定数

有権者の多い選挙区	有権者数（千人）	定数	有権者の少ない選挙区	有権者数（千人）	定数
A県	7200	6	D県	480	2
B県	6600	6	E県	600	2
C県	4000	4	F県	640	2

※定数とは，各選挙区に割り振られた議員定数のことであり，3年ごとに行われる選挙でその半数が改選される。

　表から，議員1人あたりの有権者数の格差は最大で（　**a**　）倍となり，「一票の価値」は，A県が最も（　**b**　）なっている。この価値の差は，憲法で定める（　**c**　）に反していると考えられる。

★重要 □(2) 次の文は，政治参加についてまとめたものである。（　　　）にあてはまる内容を，右の**資料**から読み取れることと関連づけて，「反映」という語句を用いて，簡単に答えなさい。（10点）〔福岡〕

（
　　　　　　　　　　　　　　　　　　　　　　　
　　　　　　　　　　　　　　　　　　　　　　　
　　　　　　　　　　　　　　　　　　　　　　　
）

資料 衆議院議員総選挙（小選挙区）の有権者数と投票者数

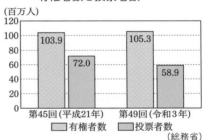
（百万人）

　政治上の課題の1つとして，**資料**で示す選挙の傾向（けい こう）から（　　　）と考えられる。そこで，私たちは政治に関心をもち，さまざまな方法で政治に参加していくことが大切である。

✏️ 記述問題にチャレンジ

若い世代の投票率が他の世代よりも低いことに対して，図1と図2から考えられる対策を，簡単に答えなさい。〔栃木〕

図1 投票を棄権した人の理由
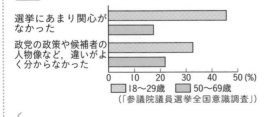

図2 政治・選挙の情報入手元
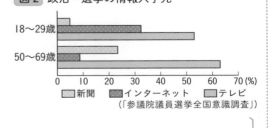

〔　　　　　　　　　　　　　　　　　　　　　　　　　　　　　　　　　　　〕

✔ Check Points
2 (2) 投票して代表者を選ぶのは，自らの考え方に近い候補者を選び，自らの政治に対する考えを政治に反映してもらおうとするからである。

5 時間目 国民主権と国会

入試重要度 🄰 Ⓑ Ⓒ

時間 **40**分
合格点 **80**点
解答➡別冊 p.6

得点　　　　点

1 ［国民主権と国会］次の文を読んで，あとの問いに答えなさい。

　　日本国憲法に定められている **a**「国民主権」は，民主的な政治を行うための重要な原則である。日本では現代の多くの国と同じように，**b**代表者としての議員を選挙によって選ぶ（ **X** ）制民主主義のしくみを採用している。
　　国政においては，国会は「（ **Y** ）の最高機関」であり「唯一の（ **Z** ）機関」であると憲法で定められている。また，**c**衆議院と参議院の二院制を採用しているが，国民の意思をより反映しやすいことから，**d**衆議院により強い権限が認められている。

□(1) 文中の **X** ～ **Z** にあてはまる語句を答えなさい。(4点×3)

X（　　　　　） Y（　　　　　） Z（　　　　　）

□(2) 下線部 **a** を，「国民」「政治」という語句を用いて，簡単に答えなさい。(10点)〔和歌山〕

（　　　　　　　　　　　　　　　　　　　　　　　　　　　　　　　　　　）

□(3) 下線部 **a** について，右の**図**は，国民が主権を行使するおもな場合を示している。**図**中の **A** ～ **D** にあてはまるものを，次の**ア**～**エ**から1つずつ選び，記号で答えなさい。(2点×4)

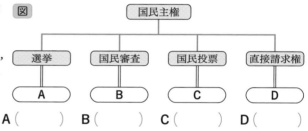

図

A（　　　） B（　　　） C（　　　） D（　　　）

ア 憲法改正　　**イ** 議員，首長　　**ウ** 最高裁判所の裁判官　　**エ** 条例の制定

差がつく □(4) 下線部 **b** について，衆議院議員の選挙について述べた次の文中の下線部**ア**～**オ**から誤っているものを2つ選び，記号・正しい数字の順に答えなさい。(完答4点×2)

（　　　）→（　　　），（　　　）→（　　　）

　　衆議院の議員定数は**ア**465人，任期は**イ**4年である。選挙権は満18歳以上，被選挙権は満**ウ**25歳以上である。選出方法は，小選挙区制で**エ**176人，比例代表制で**オ**289人を選ぶ。

★重要 □(5) 国会の仕事を，次の**ア**～**エ**から1つ選び，記号で答えなさい。(4点)　　（　　　）
　　ア 弾劾裁判所の設置　　**イ** 予算の作成　　**ウ** 政令の制定　　**エ** 違憲立法審査

□(6) 下線部 **c** の制度が導入されている理由を，簡単に答えなさい。(10点)

（　　　　　　　　　　　　　　　　　　　　　　　　　　　　　　　　　　）

(7) 下線部 **d** について，次の問いに答えなさい。(4点×2)

★重要 □① 衆議院に参議院よりも強い権限が与えられていることを何というか，答えなさい。

（　　　　　　　　　）

✔ Check Points　**1** (6) 両院制ともいい，同一事項を各議院がそれぞれ個別に審議する。議案の決定までに時間がかかるのが短所だが，長所もある。

入試攻略Points
（→別冊 p.7）

❶衆議院と参議院の違いについておさえておこう。
❷国会の種類とおもな議題について整理しておさえておこう。
❸衆議院の優越について整理しておさえておこう。

□② ①が認められているものを，次の**ア〜エ**からすべて選び，記号で答えなさい。

〔国立高専－改〕（　　　　　　　）

ア 衆議院と参議院で，予算の議決が異なったとき。
イ 衆議院と参議院で，国政調査権の行使について意見が異なったとき。
ウ 衆議院と参議院で，内閣総理大臣の指名が異なったとき。
エ 衆議院と参議院で，憲法改正の発議の議決が異なったとき。

2 ［国会］**右の表と図について，次の問いに答えなさい。**（5点×8）〔鹿児島－改〕

□(1) 右の**表**は，ある年度の国会の動きである。**P**
〜**R**にあてはまる国会の種類を答えなさい。

P（　　　　　　　）　**Q**（　　　　　　　）
R（　　　　　　　）

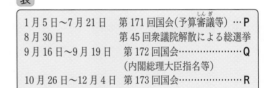

表

1月5日〜7月21日	第171回国会（予算審議等） …**P**
8月30日	第45回衆議院解散による総選挙
9月16日〜9月19日	第172回国会……………………**Q**
	（内閣総理大臣指名等）
10月26日〜12月4日	第173回国会………………………**R**

(2) 国会で法律が制定される過程を示した右下の
図に関して，次の問いに答えなさい。

□① 図中の**A・B**にあてはまる語句を答えなさい。

A（　　　　　　　）　**B**（　　　　　　　）

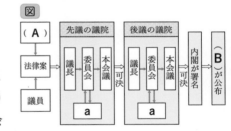

□② 図中の**a**にあてはまるものを，次の**ア〜エ**から1
つ選び，記号で答えなさい。　　　　（　　　　）
ア 審議会　**イ** 公聴会　**ウ** 審査会　**エ** 秘密会

□③ 法律案は，どちらの議院に先に提出してもよいが，衆議院から先に審議することにな
っているものを，次の**ア〜エ**から1つ選び，記号で答えなさい。　　　　（　　　　）
ア 予算の審議　　**イ** 条約の承認　　**ウ** 内閣総理大臣の指名　　**エ** 憲法改正の発議

□④ 衆議院が可決した法律案を参議院が否決した場合の取り扱いについて，最も適切なも
のを，次の**ア〜エ**から1つ選び，記号で答えなさい。　　　　（　　　　）
ア 両院の議長が話し合い，法律案を成立させるかを決める。
イ 両院協議会を開き，意見が一致しない場合，廃案となる。
ウ 両院協議会を開き，意見が一致しない場合，継続審議となる。
エ 衆議院で出席議員の3分の2以上の再議決があれば法律として成立する。

🖉 記述問題にチャレンジ

衆議院の優越が認められる理由を「任期」「解散」という語句を用いて，簡単に答えなさい。

〔　　　　　　　　　　　　　　　　　　　　　　　　　　　　　　　　〕

✔ Check Points　**2** (2) ③④衆議院の優越→「予算の先議」「内閣不信任の決議」は衆議院のみ。法律案は衆議院の
再議決が必要。予算の議決，条約の承認，内閣総理大臣の指名は衆議院の議決が国会の議決。

13

6
時間目

入試重要度 **A** B C

行政のはたらきと内閣

時　間 **40**分
合格点 **80**点
得点
点

解答 ➡ 別冊 p.7

---

1 ［国会と内閣］次の文を読んで，あとの問いに答えなさい。

> 日本国憲法は（ **A** ）権が **a** 内閣に属すると定め，内閣は， **b** 内閣総理大臣及びその他の国務大臣で組織される。内閣が職責を十分に果たしていないと判断した場合， **c** （ **B** ）は内閣に対して不信任を決議できる。

□(1) 文中の **A・B** にあてはまる語句を答えなさい。(4点×2)

A（　　　　　）　**B**（　　　　　）

(2) 下線部 **a** について，次の問いに答えなさい。

差がつく □① 内閣の仕事を，次の**ア〜カ**からすべて選び，記号で答えなさい。(完答4点)

（　　　　　）

ア 条約を締結する。　　**イ** 弾劾裁判所を設置する。　　**ウ** 法律案を議決する。

エ 予算を作成する。　　**オ** 最高裁判所長官を任命する。　　**カ** 国政調査権を行使する。

□② 右の**写真**は，内閣総理大臣とすべての国務大臣が出席して政府の方針を決定する会議の様子である。この会議を何というか，答えなさい。(4点)〔茨城・愛媛－改〕（　　　　　）

写真

□③ 内閣が定める命令のことを何というか，答えなさい。(4点)

（　　　　　）

(3) 下線部 **b** について，次の問いに答えなさい。

重要 □① 内閣総理大臣はどのように指名されるかを，「国民」「国会」という語句を用いて，簡単に答えなさい。(8点)〔高知〕（　　　　　　　　　　　　　　）

□② 次の文中の **X〜Z** にあてはまる語句を答えなさい。(4点×3)

X（　　　　　）　Y（　　　　　）　Z（　　　　　）

> 憲法で，国務大臣の（ **X** ）は，（ **Y** ）の中から選ばれなければならないと定めるとともに，内閣総理大臣その他の国務大臣は（ **Z** ）でなければならないとしている。

差がつく □(4) 下線部 **c** について，日本国憲法では，内閣の不信任の決議案が可決された場合，内閣はどのようにしなければならないと定められているか，簡単に答えなさい。(8点)

（　　　　　　　　　　　　　　　　　　　）

差がつく □(5) 次の**ア〜オ**は，衆議院が解散された場合，次に内閣が組織されるまでに行われることがらである。行われる順に，記号で答えなさい。(完答8点)

（解散→　　　　→　　　　→　　　　→　　　　→　　　　）

ア 特別会の召集　　**イ** 国務大臣の任命　　**ウ** 内閣の総辞職

エ 総選挙の実施　　**オ** 内閣総理大臣の指名

✔ Check Points ▶ **1** (5) 衆議院の解散により議員が不在となるので，議員の選挙がまず必要。国会が召集され，内閣が総辞職することとなる。

入試攻略Points
（→別冊 p.8）

❶日本国憲法第73条などによる内閣の仕事についておさえておこう。
❷内閣総理大臣の指名と不信任案が可決された後の動きをおさえておこう。
❸規制緩和（かんわ）などの行政改革についておさえておこう。

2 ［国会と内閣の関係］**右の図を見て，次の問いに答えなさい。**

☆重要 □(1) 図中の **A〜D** の矢印にあてはまる語句を，次の**ア〜カ**から1

つずつ選び，記号で答えなさい。(3点×4)

A（　　　） B（　　　） C（　　　） D（　　　）

ア 違憲審査（いけんしんさ）　**イ** 解散　　　**ウ** 連帯責任

エ 任命　　　**オ** 不信任決議　**カ** 指名

☆重要 □(2) 図に見られる関係によって内閣が成り立つしくみを何という

か，答えなさい。(4点)　　　　　　　　　　　　　　　　　　（　　　　　　　　　　　）

差がつく □(3) (2)のしくみを「信任」「責任」という語句を用いて，簡単に答えなさい。(8点)〔山形〕

（　　　　　　　　　　　　　　　　　　　　　　　　　　　　　　）

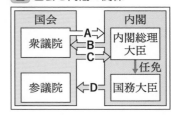

図 国会と内閣の関係

国会		内閣
衆議院	A→ B← C←	内閣総理大臣
		↓任免
参議院	←D	国務大臣

3 ［行政機関］**次の文を読んで，あとの問いに答えなさい。**(4点×5)

> 内閣は **a** 行政機関を指揮，監督（かんとく）し，実際の政治を行っている。近年，行政の肥大化を防ぎ，
> 中央官庁の権限を緩（ゆる）めるなど，さまざまな分野で **b** 行政改革が進められている。

□(1) 憲法第15条で，「すべて公務員は，（　　　）であつて，一部の奉仕者ではない。」と定めて

いる。（　　　）にあてはまる語句を答えなさい。（　　　　　　　　　　　）

(2) 下線部 **a** について，次の①・②の説明にあてはまる省庁名を答えなさい。

□① 国土の総合的な利用・開発，社会資本の総合的な整備，交通政策の推進などを行う。

（　　　　　　　　　　　）

□② 財政の確保，課税の実現，税関業務の運営，国庫の管理，通貨に対する信頼（しんらい）の維持（いじ）な

どを行う。　　　　　　　　　　　　　　　　　　　　（　　　　　　　　　　　）

□(3) 下線部 **b** について，セルフ式のガソリンスタンドの導入など，政府の許認可権（きょにんか）を見直し，

企業（きぎょう）の自由な経済活動を促（うなが）そうとする政策を何というか，答えなさい。〔和歌山〕

（　　　　　　　　　　　）

□(4) 行政権と立法権の関係について，わが国やイギリスなどの制度に対して，アメリカ合衆国

では（　　　）制が採用されている。（　　　）にあてはまる語句を答えなさい。〔大阪〕

（　　　　　　　　　　　）

✎ 記述問題にチャレンジ

「小さな政府」とはどのような政府か，簡単に答えなさい。

〔　　　　　　　　　　　　　　　　　　　　　　　　　　　　　　　　　　　　　〕

✔ Check Points　　**2** (2)(3) 国会議員は主権者である国民により選出されているので，国会の信任とは，国民の信任
を得るという意味である。

1時間目
2時間目
3時間目
4時間目
5時間目
6時間目
7時間目
8時間目
9時間目
10時間目
11時間目
12時間目
13時間目
14時間目
15時間目
総仕上げテスト

入試重要度 A B C

裁判所，三権分立

時間 **40**分
合格点 **80**点

解答➡別冊 p.8

月　　日

得点

点

1 ［裁判所］**右の図を見て，次の問いに答えなさい。**

□(1) **図Ⅰ**中の**A**にあてはまる裁判所を答えなさい。(5点)

（　　　　　　　　　　）

□(2) 最高裁判所が「憲法の番人」と呼ばれている理由を簡単に答えなさい。(10点)〔富山〕

（　　　　　　　　　　　　　　　）

☆重要 □(3) 裁判が**図Ⅰ**のようなしくみで行われる理由をこの制度の名称（めいしょう）を入れて，簡単に答えなさい。(10点)

（　　　　　　　　　　　　　　　　　　）

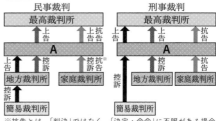

図1

民事裁判　　　　　　刑事裁判

※抗告とは，「判決」ではなく，「決定・命令」に不服がある場合の申し立て。

差がつく □(4) **図2**は，裁判員制度による裁判の法廷（ほうてい）の様子である。この裁判の説明として適切なものを，次の**ア～エ**から１つ選び，記号で答えなさい。(5点)〔神奈川〕（　　　　）

　ア この裁判は刑事（けいじ）裁判で，裁判員は検察官とともに被告（ひこく）人（にん）に求刑する。

　イ この裁判は民事裁判で，裁判員は裁判官とともに原告・被告の主張を聞いて紛争（ふんそう）を解決する。

　ウ この裁判は刑事裁判で，裁判員は裁判官とともに，被告人の有罪・無罪の判断をする。

　エ この裁判は民事裁判で，裁判員は二手に分かれ，原告・被告の主張の手助けをする。

図2

裁判員
裁判官
裁判員
検察官
弁護人

（日本弁護士連合会監修・発行『裁判員になりました』(2007年)）

(5) 裁判における人権の保障について，次の問いに答えなさい。(5点×3)

□① 犯罪の疑いのある場合に，逮捕（たい ほ）や住居の捜索（そうさく）をするために裁判官が発行する書類を何というか，答えなさい。（　　　　　　　　）

□② すでに刑罰（けいばつ）が確定した判決について，新しい証拠（しょうこ）が提出されるなどを理由に裁判をやり直すことを何というか，答えなさい。（　　　　　　　　）

□③ 刑事裁判の過程における被告人の権利について，次の文中の**X・Y**にあてはまる語句の組み合わせとして正しいものを，あとの**ア～エ**から１つ選び，記号で答えなさい。

〔岩手〕（　　　　　）

> 　日本では，憲法に基（もと）づき被告人の権利が保障されている。例えば，裁判（ **X** ）の原則により，公平で迅速な（ **X** ）裁判を受けることができる。また，経済的な理由などで弁護人を依頼（いらい）できないときは，（ **Y** ）が費用を負担して弁護人をつけてくれる。

　ア **X**―公開　　**Y**―国　　**イ** **X**―公開　　**Y**―地方公共団体

　ウ **X**―非公開　**Y**―国　　**エ** **X**―非公開　**Y**―地方公共団体

✔ **Check Points**　**1** (2) 違憲立法審査権（いけんしんさ）はすべての裁判所がもつが，最終的な判断を行うのは最高裁判所である。
(4) 裁判員制度は，重大な刑事裁判の地方裁判所での第一審のみに導入されている。

入試攻略 Points
（→別冊 p.9）

❶司法権の独立，裁判官の身分保障についておさえておこう。
❷三審制や民事裁判と刑事裁判のしくみの違いについておさえておこう。
❸三権分立の抑制と均衡を保つしくみを整理しておさえておこう。

□(6) 日本国憲法第 76 条では，裁判官の独立を次のように規定している。**A～C**にあてはまる語句を答えなさい。(5点×3)　　　　**A**（　　　　　）　**B**（　　　　　）　**C**（　　　　　）

> 「すべて裁判官は，その（ **A** ）に従ひ独立してその職権を行ひ，この（ **B** ）及び（ **C** ）にのみ拘束される。」

□(7) 無実の罪で有罪となる（　　　）によって長期間拘束されていた人がいる。（　　　）にあてはまる語句を答えなさい。(5点)〔群馬〕　　　　　　　　　　　　　　　　　（　　　　　）

2 ［三権分立］次の問いに答えなさい。(5点×7)

□(1) 18 世紀に権力分立を説いた，右の**資料**のフランスの人物の名を答えなさい。
〔兵庫〕（　　　　　　　　）

資料

(2) 三権の関係を示した右下の**図**を見て，次の問いに答えなさい。

□① **P～R**には国会・内閣・裁判所のいずれかがあてはまる。それぞれにあてはまる語句を答えなさい。
　　P（　　　　　）　**Q**（　　　　　）
　　R（　　　　　）

□② **X**の権限は，法律が憲法に違反していないかどうかを判断する権限を示している。この権限にあたるものを，次の**ア～エ**から 1 つ選び，記号で答えなさい。　　　　（　　　　）
　　ア 弾劾裁判　　**イ** 違憲審査
　　ウ 国政調査　　**エ** 行政権行使

図 三権の関係

〔P／国民／Q／R／選挙／世論／行政処分の違憲・違法審査／a／b／c／d／X／Y〕

重要 □③ **Y**にあてはまる語句を漢字 4 字で答えなさい。　　　　　　　　（　　　　　）

重要 □④ **a～d**にあたる権限の説明として正しいものを，次の**ア～エ**から 1 つ選び，記号で答えなさい。　　　　　　　　　　　　　　　　　　　　（　　　　）
　　ア a―内閣総理大臣，及び国務大臣を指名する。
　　イ b―内閣不信任決議案が可決されたとき，衆議院を解散する。
　　ウ c―行政に関する最高裁判所の判決が，適切かどうか審査する。
　　エ d―最高裁判所長官を任命し，その他の裁判官を指名する。

 記述問題にチャレンジ

　三権分立のしくみが重要な理由を，「集中」「人権」という語句を用いて，簡単に答えなさい。

〔　　　　　　　　　　　　　　　　　　　　　　　　　　　　　　　　　　　　　〕

✔ Check Points　**2** (1) 三権分立はこの人物が『法の精神』において唱え，1787 年に制定されたアメリカ合衆国憲法にとり入れられた。

入試重要度 A **B** C

地方自治のしくみ

時 間 **40**分
合格点 **80**点

得点 点

解答➡別冊 p.10

---

1 [地方自治①] 次の文を読んで，あとの問いに答えなさい。

> 都道府県や市(区)町村などの地方公共団体は，**a** 首長や地方議会議員，多くの地方公務員の
> もと，地域 **b** 住民の意見を取り入れて，さまざまなことを行っている。

□(1) 地方公共団体が直接行う仕事として適切なものを，次の**ア～ウ**から１つ選び，記号で答えなさい。(4点)〔新潟－改〕 （　　）

　　ア 政令の制定　　**イ** 地方裁判所での裁判　　**ウ** 上下水道の整備

□(2) 下線部 **a** について，**X** 都道府県知事の被選挙権，**Y** 市議会議員の任期をそれぞれ答えなさい。(4点×2)　　**X** 満（　　）歳以上　　**Y**（　　）年

(3) 下線部 **b** について，次の問いに答えなさい。(4点×2)

重要 □① 住民は政治に直接参加できる場面が多いことから，地方自治は「（　　）の学校」と呼ばれている。（　　）にあてはまる語句を答えなさい。〔高知－改〕 （　　　　）

□② 住民に認められている条例の制定・改廃や，監査，首長や議員の解職などを求める権利をまとめて何というか，答えなさい。〔広島〕 （　　　　）

差がつく **重要** □(4) (3)の②の権利について，右の**表**中の**A・B**にあてはまる数値，**C～E**にあてはまる語句を答えなさい。ただし，地方公共団体の有権者の数は40万人以内とする。

(5点×5)〔和歌山－改〕

表

種類	必要な署名数	請求先
条例の制定・改廃の請求	有権者数の（ **A** ）以上	（ **C** ）
監査請求	有権者数の（ **A** ）以上	（ **D** ）
議会の解散請求	有権者数の（ **B** ）以上	（ **E** ）
首長・議員の解職請求	有権者数の（ **B** ）以上	（ **E** ）

A（　　　　）　B（　　　　）　C（　　　　）　D（　　　　）

E（　　　　）

□(5) (3)の②の権利の１つで，首長や議員の解職請求を何というか，カタカナで答えなさい。

(4点) （　　　　）

□(6) 右の**資料**から，全国の市町村数が大幅に減少していることがわかる。市町村数が大幅に減少したのはなぜか，その理由を簡単に答えなさい。(5点)

（　　　　　　　　　　　　　　　）

資料 全国の市町村数

村
町
市

	1999年 3月31日	2020年 10月1日
村	568	183
町	1994	743
市	670	792

（総務省）

□(7) 国民や住民の立場から，政府や地方公共団体などの行政機関を監視する人を何というか，答えなさい。(4点)

（　　　　　　　　　　　　　　　）

✔ Check Points **1** (4) 必要な署名数は，3分の1以上か，50分の1以上のいずれか，請求先は，首長，選挙管理委員会，監査委員のいずれかである。

入試攻略Points
（→別冊 p.10）

❶地方公共団体の仕事と課題をおさえておこう。
❷直接請求権の種類，必要な署名数，請求先を整理しておこう。
❸地方公共団体の歳入の特色をおさえておこう。

2 ［地方自治②］ 次の問いに答えなさい。

☆重要 □(1) 東京都と **A** 県の 2019 年度の歳入の内訳を示した**図 I** 中の **X** にあ
てはまる，国から配分される財源の名称を答えなさい。また，**A**
県の方が東京都に比べて **X** の割合が高い理由を，**X** が国から配分
される目的に触れて，簡単に答えなさい。（名称 6 点，理由 10 点）〔広島〕

名称（　　　　　　　　　）

理由（　　　　　　　　　　　　　　　　　　　　　　）

(2) 地方自治のしくみを示した**図 2** を見て，次の問いに答えなさい。

差がつく □① 図 2 中の（　　　）にあてはまる語句を漢字 2 字で答えなさい。
（6 点）〔大阪－改〕（　　　　　　　）

差がつく □② 次の文中の **Y** にあてはまる適切な内容を答えなさい。なお，
文中の（　　　）は，①と同一語句があてはまる。（10 点）
（　　　　　　　　　　　）

> 首長と議会の関係は　**Y**　ものであるため，首長は議
> 会に解散や（　　　）のやり直しを求め，議会は首長に不信
> 任などを行うことができる。

□(3) 地方の活性化について，次の文のような取り組みを行った **B**
県の場合，どのような成果が期待できるか，簡単に答えなさ
い。（10 点）〔広島〕

（　　　　　　　　　　　　　　　　　　　　　　）

> ・伝統的な製鉄技術をもつ世界的企業と，優れた加工技術をもつ **B** 県内の中小企業グループ
> が，**B** 県内の大学，高等専門学校と連携した。
> ・**B** 県の大学に研究センターを設置し，世界から研究者を迎え，先端金属素材の高度化に向
> けた共同研究を行い，人材を育成した。

📝 記述問題にチャレンジ

　右の図は，地方分権を進める取り組みを示している。**地
方分権の目的と方法を，図中の語句を用いて，「地方公共団
体が，」に続けて，簡単に答えなさい。**〔福岡〕

　［地方公共団体が，

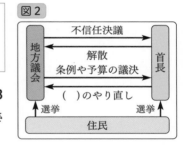

図1

東京都（2019年度）
地方債 1.7
その他 23.2
国庫支出金4.4
総額
8兆1129
億円
地方税
70.7%

A 県（2019年度）
その他 11.3
地方税 18.5%
地方債 15.4
国庫支出金16.3
総額
3512
億円
X
38.5

※東京都への **X** の配分はない。
（2022年版「データでみる県勢」）

図2

不信任決議
地方議会 ← 首長
解散
条例や予算の議決
（　　）のやり直し
選挙　　　選挙
住民

（総務省など）

1時間目
2時間目
3時間目
4時間目
5時間目
6時間目
7時間目
8時間目
9時間目
10時間目
11時間目
12時間目
13時間目
14時間目
15時間目
総仕上げテスト

✔ Check Points　**2** (1) 東京都は，地元の住民や企業が納めた税金（地方税）の割合が大きく，財政的に豊かである。
一方，**A** 県は，地方税の割合が非常に小さいことに着目する。

19

入試重要度 A B C

消費生活と経済

9 時間目

時 間 **40**分
合格点 **80**点
解答➡別冊 p.11

得点

点

月　日

1 ［家計と消費生活］家計の所得と支出について，次の問いに答えなさい。

(1) 次の①～③にあてはまる所得の名称をそれぞれ答えなさい。(5点×3)〔東京－改〕

□① 父親が会社に勤めることによって得る所得。（　　　　　）

□② 母親が商売を営むことによって得る所得。（　　　　　）

□③ 両親や祖母が預貯金の利子や株式の配当によって得る所得。（　　　　　）

差がつく □(2) 右の**表**は，わが国の勤労者1世帯あたりの1か月平均の家計の，翌月への繰越金を除いた「支出総額」とその内訳の推移を示したものである。**表**から読み取れる内容として適切なものを，次の**ア～エ**から1つ選び，記号で答えなさい。(10点)（　　　　　）

表

		1986年	1996年	2010年	2020年
実支出の総額	支出総額	6758	9787	9316	10721
	消費支出の総額	2936	3518	3183	3058
	非消費支出の総額	734	909	907	1109
実支出以外の支出の総額	預貯金	2303	4026	4089	5007
	保険のかけ金など	785	1334	1137	1547

（単位：百円）　　　　（令和4年版「日本統計年鑑」など）

ア いずれの年においても，「消費支出の総額」は，「非消費支出の総額」，「預貯金」，「保険のかけ金など」のいずれよりも大きい。

イ 1986年と2020年とを比べると，「支出総額」に占める「消費支出の総額」の割合は，2020年の方が小さい。

ウ いずれの年においても，「実支出の総額」は，「実支出以外の支出の総額」より大きい。

エ 2020年を1986年と比べると，「支出総額」と「預貯金」は，ともに2倍以上である。

2 ［消費生活と消費者保護］次の問いに答えなさい。

□(1) クレジットカードを利用することの長所，注意点をそれぞれ簡単に答えなさい。(10点×2)

　長　所〔山口〕（　　　　　　　　　　　　　　　　　　　　　　　　　　　）

　注意点〔群馬〕（　　　　　　　　　　　　　　　　　　　　　　　　　　　）

重要 □(2) 訪問販売や電話勧誘などで商品を購入した場合，一定期間内であれば無条件に契約解除できる制度を何というか，答えなさい。(5点)〔沖縄〕（　　　　　）

重要 □(3) 製品の欠陥によって消費者が被害を受けた場合，製造業者に過失がなくても製造業者に被害の救済を義務づけた法律を何というか，答えなさい。(5点)〔高知〕（　　　　　）

□(4) 次の文中の**A・B**にあてはまる語句を答えなさい。(5点×2)〔神奈川－改〕

　　　　　　　　　　　A（　　　　　　　　）　B（　　　　　　　　）

> 　2004年に消費者保護基本法が（ **A** ）に改正され，2009年には，消費者行政を取りまとめて行う（ **B** ）が発足した。

✔ Check Points　　**1**(2) 消費支出とは，食料品や住居費など，生活に必要な商品(財・サービス)への支出。非消費支出とは，税金や社会保険料の支払いなどである。

入試攻略 Points
（→別冊 p.12）

❶家計の役割と，収入・支出の関係についておさえておこう。
❷消費者保護にかかわる法律や制度についておさえておこう。
❸クレジットカード，流通のしくみと合理化，POS システムについておさえておこう。

3 ［消費生活を支える］ 次の問いに答えなさい。

重要 □(1) 右の**図**は，流通について模式的に示したものである。**a**と比較したとき，**b**の流通の利点を，「仕入れ」「販売」という語句を用いて，簡単に答えなさい。(10点)〔山形〕

（　　　　　　　　　　　　　　　　　　　　　　　　）

図
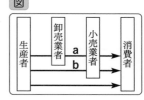

□(2) 卸売業など，流通にかかわる業種を何というか，答えなさい。(5点)　（　　　　　　　）

差がつく □(3) コンビニエンスストアが POS システムを利用している利点を，右の文を参考にして，簡単に答えなさい。(10点)〔茨城－改〕

> **コンビニエンスストアの特徴**
> ・売り場面積が比較的狭い。
> ・本部と契約すると，商品は本部からの指示で配送される。
> ・POS システムにより，販売時に商品のバーコードを読み取り，いつ，どこで，何がどれだけ売れたのかをデータとして把握している。

（　　　　　　　　　　　　　　　　　　　　　　　　）

□(4) 右の**表**から読み取れる内容として適切なものを，次の**ア～エ**から１つ選び，記号で答えなさい。(10点)〔愛媛〕　（　　　　　）

ア 2018年の百貨店の年間販売額の総額は，1990年の百貨店のそれの半分以下である。

イ 2018年の大型スーパーの事業所数は，1990年のそれの３倍以上である。

ウ コンビニエンスストアの年間販売の総額が，同じ年の百貨店のそれを初めて上回ったのは 2005 年である。

表

項目　年	百貨店		大型スーパー		コンビニエンスストア	
	事業所数	年間販売額の総額（十億円）	事業所数	年間販売額の総額（十億円）	事業所数	年間販売額の総額（十億円）
1990	378	11456	1980	9486	17408	2694
1995	425	10825	2446	11515	29144	4844
2000	417	10011	3375	12622	35461	6680
2005	345	8763	3940	12565	39600	7360
2010	274	6842	4683	12737	42347	8114
2015	246	6826	4818	13223	54505	10996
2018	225	6443	4997	13161	56574	11978

※百貨店はデパートとも呼ばれる。(改訂第7版「数字でみる日本の100年」)

エ 2018年において，１事業所あたりの年間販売額を百貨店，大型スーパー，コンビニエンスストアで比べると，最も多いのは百貨店である。

✏ **記述問題にチャレンジ**

製品に右のような表示をすることで，企業はどのような責任を果たしているか，消費者の４つの権利の面から簡単に答えなさい。〔群馬－改〕

製品の表示

種類別	プロセスチーズ
原材料名	ナチュラルチーズ，ホワイトパウダー，乳化剤，ph調整剤
賞味期限	枠外右側に記載
保存方法	10℃以下で保存
製造者	○○株式会社 ○○県○市○町1－2

[　　　　　　　　　　　　　　　　　　　　　　　　　　　　　]

✔ **Check Points**　**3** (1) 卸売業者を経ないため，卸売業者が入手する利潤や，仕入れ，出荷などにかかる時間が省略されることに注意する。

21

10 時間目

生産のしくみと労働

時間 **40**分
合格点 **80**点
得点
解答⇒別冊 p.12
点

1 ［生産のしくみと企業］次の問いに答えなさい。(5点×11)

重要 □(1) **図1**中の**a〜c**にあてはまる語句を，次の**ア〜オ**から1つずつ選び，記号で答えなさい。

a(　　　) b(　　　)
c(　　　)

ア 労働力　　イ 賃金　　ウ 資本
エ 配当　　オ 利潤

図1 生産のしくみ

生産のための（ **a** ）
資金 → 設備費／原材料費 ⇒ 商品 ⇒ 売上金（ **c** ）⇒ 資金の回収／資金の一部
（ **b** ）
再投資

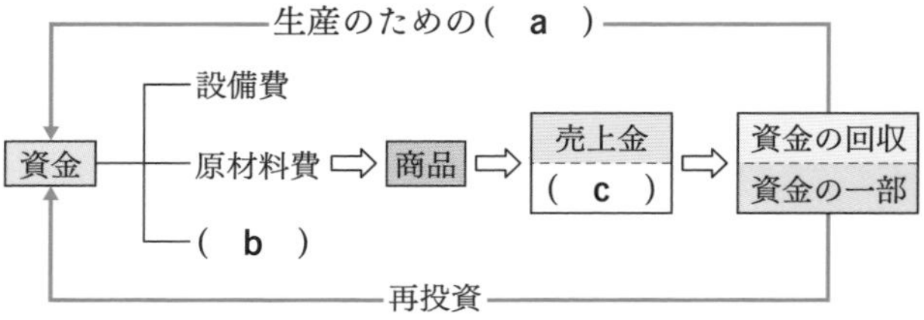

□(2) 経済状態がよいときに見られる生産の形を，次の**ア〜ウ**から1つ選び，記号で答えなさい。(　　　)

ア 単純再生産　　イ 拡大再生産　　ウ 縮小再生産

(3) 企業について，次の文を読んで，あとの問いに答えなさい。

> 企業には，国などが営む（ **p** ）と，民間が営み，（ **q** ）追求を目的とする（ **r** ）がある。現代の企業は，（ **q** ）追求のみでなく，環境保全など社会的な（ **s** ）が求められている。

□① 文中の**p〜s**にあてはまる語句を，次の**ア〜カ**から1つずつ選び，記号で答えなさい。
〔滋賀-改〕 p(　　　) q(　　　) r(　　　) s(　　　)

ア 私企業　　イ 公企業　　ウ 配当　　エ 利潤　　オ 責任　　カ 平等

重要 □② 下線部について，企業の独占や不公平な取引方法を禁止するため，1947年に制定された法律を何というか，答えなさい。(　　　)

□③ ②の法律に基づいて，企業の監視や指導を行っている国の機関を何というか，答えなさい。(　　　)

差がつく □(4) 現代の企業の代表である株式会社について，**図2**中の**a〜d**に関する説明として最も適切なものを，次の**ア〜エ**から1つ選び，記号で答えなさい。〔国立高専-改〕(　　　)

ア **a**は株主で，会社が倒産した場合でも，自らの出資額の範囲でのみ責任を負う。

イ **b**は株主総会で，1人1票の議決権のもと，会社の経営方針や役員の選出などを行う。

ウ **c**は配当で，企業の利潤の有無にかかわらず，株主全員に同額を配分する。

エ **d**は株式市場で，供給より需要が多い株式は，その株価が下落する。

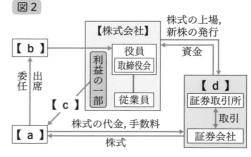

図2

【株式会社】
株式の上場，新株の発行
【 b 】　役員／取締役会　資金
委任／出席
利益の一部
【 c 】　従業員
【 d 】証券取引所／取引／証券会社
【 a 】
株式の代金，手数料
株式

✔ Check Points **1** (4) 株式の購入者を株主といい，株主総会に出席し，経営方針の決定に参加することができる。購入した株式は，自由に売買できる。

入試攻略Points
（→別冊 p.13）

❶生産のしくみと生産の三要素をおさえておこう。
❷大企業と中小企業，独占の形態，株式会社のしくみをおさえておこう。
❸労働基本法（労働三権），労働三法など労働者の権利をおさえておこう。

2 ［労働］次の問いに答えなさい。

重要 □(1) 次の文中の**A**〜**C**にあてはまる語句を答えなさい。(5点×3)

A（　　　　　）　B（　　　　　　）　C（　　　　　　　　）

> 労働者は，雇い主に対して弱い立場にあるため，日本国憲法は，労働者が労働組合をつくる権利の（ **A** ），賃金などについて使用者と話し合う権利の（ **B** ），ストライキなどを行う権利の（ **C** ）の3つの労働基本権（労働三権）を保障している。

重要 □(2) 右の**資料1**のような記載内容の根拠となっている法律を何というか，答えなさい。(5点)〔和歌山〕（　　　　　　　　）

資料1

> **休憩・休日のきまり**
> ・休憩時間（34条）
> 1日の労働時間が
> 6時間超の場合　**45分**
> 8時間超の場合　**60分**
> 　　　　の休憩時間が必要
> ・休日（35条）
> 使用者は労働者に**毎週少なくとも1回**，あるいは**4週間を通じて4日以上**の休日を与えなければならない。

差がつく □(3) 近年，アルバイトや派遣社員のような非正規雇用の労働者が増加してきている。非正規雇用の労働者は，正規雇用の労働者と比べ，賃金の面でどのような課題があるか。仕事内容や労働時間に着目して，簡単に答えなさい。(10点)〔和歌山〕

（

□(4) 右の**資料2**について書かれた次の文中の**X・Y**にあてはまる内容を答えなさい。また，**Z**にあてはまる語句を答えなさい。(5点×3)〔茨城－改〕

X（　　　　　　）
Y（　　　　　　　）
Z（　　　　　　　　）

資料2 1人あたりの平均年間労働時間

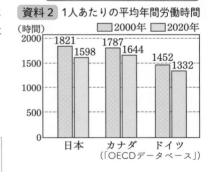

（「OECDデータベース」）

> 2000年の日本の1人あたりの平均年間労働時間は，他国と比べて（ **X** ）ことがわかる。しかし，2000年と2020年の日本人の1人あたりの平均年間労働時間を比較すると，（ **Y** ）ことがわかる。これは，仕事と家庭生活との両立，つまり（ **Z** ）の実現に向けた取り組みが関係していると考えられる。

✎ 記述問題にチャレンジ

大企業の多くが株式会社である理由を，「株式」「資金」という語句を用いて，簡単に答えなさい。

〔

✔ Check Points　**2** (1)(2) 労働基本権（労働三権）とは団結権，団体交渉権，団体行動権（争議権）。労働三法とは，労働組合法，労働関係調整法，労働基準法である。

右側時間目タブ：
1時間目 / 2時間目 / 3時間目 / 4時間目 / 5時間目 / 6時間目 / 7時間目 / 8時間目 / 9時間目 / 10時間目 / 11時間目 / 12時間目 / 13時間目 / 14時間目 / 15時間目 / 総仕上げテスト

11 時間目

入試重要度 A B C

市場のしくみと金融

時間 **40**分
合格点 **80**点
得点　　　点

解答➡別冊 p.14

月　日

1 [価格] 次の問いに答えなさい。

重要 (1) 右の**グラフ**を見て，次の問いに答えなさい。

□① **グラフ**中の **A・B** にあてはまる語句を答えなさい。

(5点×2) **A** (　　　　　) **B** (　　　　　)

重要 □② グラフ中の **n** の価格を，市場価格の中でも特に何というか，答えなさい。(4点) (　　　　　)

□③ 次の文中の **a・b** にあてはまる語句を，あとの**ア〜エ**から1つずつ選び，記号で答えなさい。(5点×2)

a (　　　) **b** (　　　)

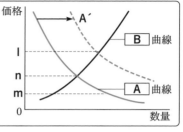

グラフ ある商品の需要と供給の関係

> 供給曲線は(**a**)の行動を示し，価格が **l** の場合，供給量が需要量より多いので価格は(**b**)する。価格が **m** の場合は逆の現象がおこり，結果として価格は **n** に落ち着く。

ア 買い手　　**イ** 売り手　　**ウ** 上昇　　**エ** 下落

□④ ある製品の需要と供給を上のグラフで示した場合，グラフ中の **A** が **A′** に移動するときの説明として適切なものを，次の**ア〜エ**から1つ選び，記号で答えなさい。(4点)

〔山梨−改〕(　　　　　)

ア 製品に社会の注目が集まり，需要量が増えた。

イ 新製品が発売され，この製品の需要量が減った。

ウ この製品の製造工場が拡張され，供給量が増えた。

エ 原材料の調達が難しくなり，この製品の供給量が減った。

差がつく □(2) 右の**資料**は，わが国のサバの漁獲量を示したものである。サバの需要量が変わらないとすると価格の変化を模式的に表したものを，右の**ア〜エ**から1つ選び，記号で答えなさい。また，それを選んだ理由を「供給量」という語句を用いて，簡単に答えなさい。(記号4点，理由8点)〔岩手〕

記号(　　　　　)

理由(　　　　　　　　　　　　　　　　　　　　)

資料

年	2010	2011	2012	2013	2014
漁獲量(t)	491813	392506	438269	374954	481783

(水産庁)

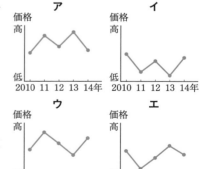

重要 □(3) 電気やガスなど，国や地方公共団体の決定や認可を必要とする価格を何というか，答えなさい。(4点)

〔島根・徳島−改〕(　　　　　)

✔ Check Points **1**(1) 需要量と価格の関係を表したものが需要曲線，供給量と価格の関係を表したものが供給曲線である。

入試攻略Points
（→別冊 p.15）

❶需要曲線と供給曲線，その変化と価格の関係をおさえておこう。
❷日本銀行の金融政策について理解しておさえておこう。
❸円高・円安と日本の貿易に与える影響をおさえておこう。

2 〔金融，日本銀行，為替相場〕次の問いに答えなさい。

□(1) 右の**図**中の **a・b** にあてはまる語句を答えなさい。

(5点×2)〔佐賀－改〕

a（　　　　　　　　）　b（　　　　　　　　）

□(2) 右の**図**中の **X** にあてはまる語句を答えなさい。(5点)

〔佐賀－改〕（　　　　　　　　）

図
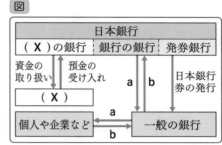

差がつく □(3) 一般の銀行は，企業や個人などとの関係で，利潤を得るためにどのようなことを行うか，「利子率」という語句を用いて，簡単に答えなさい。(8点)〔徳島〕

（　　　　　　　　　　　　　　　　　　　　　　　　　　　）

□(4) 日本銀行のように，1つの国の中で特別なはたらきをする銀行を何というか，答えなさい。

(5点)（　　　　　　　　　）

差がつく □(5) 次の文中の **X〜Z** にあてはまる語句を答えなさい。(4点×3)

X（　　　　　　　）　Y（　　　　　　　）　Z（　　　　　　　）

日本銀行は景気の安定を図るため，不況のときは国債などを一般銀行から（ **X** ）ことにより，一般銀行がもつ通貨量を（ **Y** ）そうとする。日本銀行が行う国債などの売買を（ **Z** ）という。

★重要 □(6) 右の**資料**は，為替相場と貿易について説明したものである。**資料**中の **A・B** にあてはまる数字・語句を答えなさい。また，**C・D** にあてはまる語句を，次の**ア〜エ**から1つずつ選び，記号で答えなさい。(4点×4)

〔滋賀－改〕

A（　　　　　　　）　B（　　　　　　　）
C（　　）　D（　　）

ア 円高　**イ** 円安
ウ 有利　**エ** 不利

資料 為替相場と貿易

日本で製造した1台200万円の自動車をアメリカに輸出した。
為替相場が1ドル＝125円から1ドル＝100円になった場合，アメリカでの日本の自動車の販売価格は，1台あたり（ **A** ）ドル（ **B** ）くなることになる。このように為替相場の変動が（ **C** ）になるときは，日本の輸出企業にとっては（ **D** ）になる。

日本からアメリカに自動車を輸出した場合		
	日本 1台	アメリカ 1台
1ドル＝125円のとき	200万円 →	ドル
	1台	1台
1ドル＝100円のとき	200万円 →	ドル

✎ 記述問題にチャレンジ

企業が資金を調達する直接金融とはどのような方法か，簡単に答えなさい。

〔　　　　　　　　　　　　　　　　　　　　　　　　　　　　　　〕

✓ Check Points

2 (5) 不況のとき，日本銀行は，企業や人々にお金をもってもらうような政策を行う。
(6) 円高とは，円の価値が以前よりも上がる状態をいう。円安は，円の価値が下がる状態である。

1時間目
2時間目
3時間目
4時間目
5時間目
6時間目
7時間目
8時間目
9時間目
10時間目
11時間目
12時間目
13時間目
14時間目
15時間目
総仕上げテスト

12時間目 財政のしくみとはたらき

入試重要度 A B C

時間 **40分**
合格点 **80点**
得点 **点**

解答➡別冊 p.15

月 日

---

1 [国民経済と政府] 次の問いに答えなさい。

重要 □(1) 経済の循環を示した**図Ⅰ**中の**A～C**には，家計・企業・政府のいずれかがあてはまる。適切な語句をそれぞれ答えなさい。(4点×3)〔群馬〕

A（　　　　） B（　　　　） C（　　　　）

□(2) **図Ⅰ**中の公共サービスには，道路や上下水道など民間では供給することが難しいものが含まれる。このような公共施設を何というか，答えなさい。(4点)

（　　　　　　　　）

□(3) 政府は，景気にかかわるさまざまな（　　）政策を行う。（　　）にあてはまる語句を漢字2字で答えなさい。(4点)（　　　　　　）

□(4) 景気変動を示した**図2**中の**ア～エ**から，景気回復の時期を示しているものを1つ選び，記号で答えなさい。(4点)（　　　　）

差がつく □(5) 次の文中の**a・b**にあてはまる語句を，あとの**ア～エ**から1つずつ選び，記号で答えなさい。(5点×2)〔群馬－改〕

a（　　　　） b（　　　　）

> 政府は不況(不景気)のときには，景気の回復を促すために（ a ）を行い，企業や家計の（ b ）。

ア 増税　　**イ** 減税　　**ウ** 消費を増やそうとする　　**エ** 消費を減らそうとする

重要 □(6) 好況(好景気)時におこりやすいとされる，物価が上がり続ける現象を何というか，カタカナで答えなさい。(4点)〔沖縄〕

（　　　　　　　　）

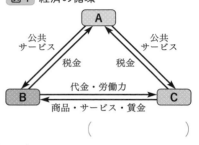

図1 経済の循環

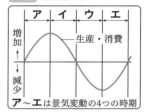

図2 景気変動

---

2 [租税，歳入と歳出] 次の問いに答えなさい。

(1) 右の**表**は，おもな税金の種類を示したものである。これを見て，次の問いに答えなさい。

重要 □① **表**中の**X**にあてはまるものを，次の**ア～オ**からすべて選び，記号で答えなさい。

(完答10点)（　　　　　　　）

ア 消費税　　**イ** 所得税　　**ウ** 法人税
エ 関税　　**オ** 固定資産税

□② **表**中の間接税とはどのような税か。「税を納める人」「税を負担する人」という語句を用いて，簡単に答えなさい。(10点)〔山形〕

（　　　　　　　　　　　　　　　　　　　　　　）

表

		直接税	間接税
国税		X	Y
地方税	(都)道府県税	(都)道府県民税など	ゴルフ場利用税など
	市(区)町村税	市(区)町村民税など	入湯税など

✔ Check Points

1 (3) 政府の1年間の歳入(収入)と歳出(支出)を通しての経済活動を財政といい，公共サービスの提供や，(5)のような景気対策を行う。

入試攻略Points
（→別冊 p.16）

❶国税と地方税，直接税と間接税の区分，税金の種類をおさえておこう。
❷政府の歳入・歳出の特色，問題点をおさえておこう。
❸政府が行う財政政策の内容をおさえておこう。

(2) 右の**図・資料Ⅰ**を見て，次の問いに答えなさい。なお，**図**中の [　　] で示した期間は景気循環における景気後退期間，それ以外の期間は景気循環における景気拡張期間を示す。〔大阪－改〕

図 わが国の主要な税の収入の推移

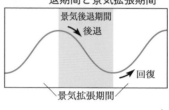
(兆円)
所得税　法人税　消費税
(財務省)

重要 □① **図**中の所得税は，所得が多くなればなるほど税率が高くなるが，このような課税方式を何というか，答えなさい。(4点)（　　　　　）

差がつく □② 次の文は，消費税の性質と**図・資料Ⅰ**から読み取れる消費税の収入の特徴について述べたものである。文中の **a** には，消費税の逆進性についての適切な内容を，また，**b** に入れるのに適した内容を「景気」という語句を用いて，簡単に答えなさい。(10点×2)

資料1 景気循環における景気後退期間と景気拡張期間

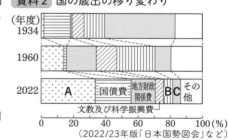
景気後退期間
後退
回復
景気拡張期間

a（　　　　　　　　　　　　　　　　　　　　　　）
b（　　　　　　　　　　　　　　　　　　　　　　）

- 消費税は，所得に関係なく財などの消費に応じて税を負担することから，（　**a**　）という逆進性の傾向をもつ。
- 消費税と他の2つの税の収入を比べてわかる消費税の特徴は，（　**b**　）ことである。

重要 □(3) **資料2**中の**A〜C**は，公共事業関係費・社会保障関係費・防衛関係費のいずれかである。**A・C**にあてはまる語句を，それぞれ答えなさい。(4点×2)

A（　　　　　　　）
C（　　　　　　　）

□(4) 社会保障関係費が**資料2**のように変化している理由を，簡単に答えなさい。(10点)

（　　　　　　　　　　　　　　　　　　　　　　　　　）

資料2 国の歳出の移り変わり

(年度)
1934		
1960		
2022	A　国債費　地方財政関係費　BC　その他	

文教及び科学振興費
0　20　40　60　80　100(%)
(2022/23年版「日本国勢図会」など)

✎ **記述問題にチャレンジ**

　2 (3)の国の歳出の資料2を見て，国債の発行による財政上の問題点を簡単に答えなさい。

〔　　　　　　　　　　　　　　　　　　　　　　　　　　　　　　〕

✔ Check Points　　2 (2) ②消費税の逆進性とは，所得税の場合，所得額が増えるにつれて税負担が大きくなることに対するものである。消費税は，だれもが同じ税率で負担することから考える。

入試重要度 Ａ Ｂ Ｃ

社会保障と環境の保全

時間 **40**分
合格点 **80**点
得点　　　　点

解答➡別冊 p.17

1 ［社会保障制度］次の問いに答えなさい。

□(1) わが国の社会保障制度は，日本国憲法第25条第2項において国の義務として定められている。これは何権に基づいているか，答えなさい。(5点)〔富山－改〕　　（　　　　　）

重要 □(2) 次の **a～d** は，わが国の社会保障制度の基本的な4つの柱の内容を示している。 **a～d** にあてはまるものを,あとの**ア～エ**から1つずつ選び,記号で答えなさい。(5点×4)〔埼玉－改〕

a（　　）　b（　　）　c（　　）　d（　　）

a かけ金を積み立てておき，病気などで必要が生じたときに給付を受ける。

b 障がい者や高齢者など，働くことが困難な人の生活を保障するために行われる。

c 感染症対策や上下水道の整備など，国民の健康保持・増進を目的とする。

d さまざまな理由で生活が困難な人に生活費などを支給し，自立を助ける。

ア 公衆衛生　　**イ** 社会保険　　**ウ** 公的扶助　　**エ** 社会福祉

差がつく □(3) 右の**グラフ**は，国の一般会計歳出の社会保障関係費に含まれる，社会福祉費，生活保護費，社会保険費の歳出額の推移を示す。社会保険費にあてはまるものを，**A～C**から1つ選び，記号で答え，そう判断した理由を社会の変化をふまえて答えなさい。(記号5点，理由6点)〔石川〕

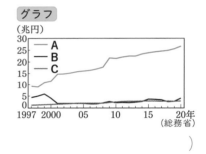

グラフ

記号（　　　　）

理由（　　　　　　　　　　　　　　　　　　　　　　　　）

□(4) 介護保険とはどのような制度か，「保険料」「40歳」という語句を用いて，簡単に答えなさい。(7点)〔高知〕

（　　　　　　　　　　　　　　　　　　　　　　　　　　）

□(5) 右の**資料1・資料2**をもとに，次の文中の**X～Z**にあてはまる語句を2字，または3字で答えなさい。(5点×3)〔山梨〕

X（　　　　　）
Y（　　　　　）
Z（　　　　　）

資料1 年齢別人口の推移と将来推計

資料2 社会保障関係費の推移

今後さらに高齢化が進み，社会保障関係費が（ **X** ）すると予想される。一方で，15～64歳の人口が（ **Y** ）するため，国民1人あたりの経済的な負担が（ **Z** ）なると考えられる。

✔ Check Points　**1** (1) わが国の社会保障制度は，生存権に基づいて整えられている。
(3)(5) わが国では，少子高齢化が今後とも進むことが予測されている。

1 時間目
2 時間目
3 時間目
4 時間目
5 時間目
6 時間目
7 時間目
8 時間目
9 時間目
10 時間目
11 時間目
12 時間目
13 時間目
14 時間目
15 時間目
総仕上げテスト

入試攻略Points
（→別冊 p.18）

❶わが国の社会保障制度の４つの柱についておさえておこう。
❷少子高齢社会の進行にともなう社会保障制度の課題についておさえておこう。
❸公害対策から環境保護へ，さらに環境保全へと取り組みが変化したことをおさえよう。

2 ［環境保全］**右の年表を見て，次の問いに答えなさい。** (7点×6)

(1) 下線部 **a** について，次の問いに答えなさい。

□① この法律が制定される背景には，日本の経済活動が大きくのび，各地で公害問題が深刻化したことがある。この時期の経済の急速な拡大を何というか，答えなさい。〔兵庫〕（　　　　　）

年	できごと
1967	**a** 公害対策基本法の制定
1971	環境庁の設置
1993	**X** の制定
1997	**b** 環境影響評価法の制定
2000	**c** 循環型社会形成推進基本法の制定

差がつく □② 四大公害病についての内容として正しいものを，次の**ア〜エ**から１つ選び，記号で答えなさい。〔国立高専〕（　　　　　）

ア （被害地域）富山県神通川流域
（おもな原因）カドミウムによる水質汚濁
（症状の例）多発性の病的骨折

イ （被害地域）三重県四日市市
（おもな原因）有機水銀による水質汚濁
（症状の例）神経性の知覚・運動障害

ウ （被害地域）新潟県阿賀野川流域
（おもな原因）アスベストによる土壌汚染
（症状の例）神経性の知覚・運動障害

エ （被害地域）熊本県・鹿児島県水俣湾周辺
（おもな原因）亜硫酸ガスによる大気汚染
（症状の例）気管支ぜんそく

□(2) **X** には，公害対策基本法を発展させて制定した法律が入る。この法律を何というか，答えなさい。〔香川〕（　　　　　）

□(3) 下線部 **b** について，この法律では，環境が開発によって，どのような影響を受けるかを事前に予測，調査，評価することが義務づけられた。このことを何というか，次の**ア〜エ**から１つ選び，記号で答えなさい。（　　　　　）
　ア 環境保護　　　**イ** 環境リサイクル　　　**ウ** 環境アセスメント　　　**エ** 環境トラスト

□(4) 下線部 **c** について，次の文中の **P・Q** にあてはまる語句を答えなさい。〔兵庫－改〕
　　　　　　　　　　　　　　　　　　　　P（　　　　　）　Q（　　　　　）

　　私たちは，循環型社会の形成を目ざすために，ごみを減らし（ **P** ）の回収に積極的に協力するなど身近な取り組みを行うとともに，環境や（ **P** ）を保全し，現在の私たちと将来の世代の必要をともに満たすような（ **Q** ）な社会について考える必要がある。

　🖉 記述問題にチャレンジ

　右の図の「不要になったものの分別」は，循環型社会をつくる上でさまざまな利点がある。**環境保全の視点から，どのような利点があるか，図を参考にして簡単に答えなさい。**〔群馬〕
〔　　　　　　　　　　　　　　　　　　　　〕

循環型社会のすがた

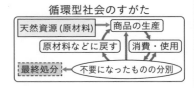

✔ Check Points
2 (2) 1971年には環境庁（2001年環境省となる）が設置され，環境保護が図られるようになった。その後，環境基本法が制定され，積極的な環境保全が求められるようになった。

入試重要度 A **B** C

国際社会のしくみ

14 時間目

時 間 **40**分
合格点 **80**点
得点 点

解答➡別冊 p.18

月　　日

1 ［主権国家］次の問いに答えなさい。

□(1) 国の主権が及ぶ範囲として適切なものを，図の**ア**～**エ**から１つ選び，記号で答えなさい。(5点)〔佐賀〕（　　　）

図

□(2) 主権国家とは，どのような意味をもっているか。「外国」「独立」という語句を用いて，簡単に答えなさい。(10点)
（　　　　　　　　　　　　　　　　　　　　　　　　　）

差がつく □(3) わが国の最南端の沖ノ鳥島で護岸工事が行われた理由を「領土」「排他的経済水域」という語句を用いて，簡単に答えなさい。(10点)〔山梨〕
（　　　　　　　　　　　　　　　　　　　　　　　　　　　　　　　　）

□(4) 国家が互いに主権を尊重し合って守らなければならない条約などの国家間のルールを何というか，答えなさい。(5点)〔徳島〕（　　　　　）

2 ［国際連合，地域主義］次の問いに答えなさい。

(1) **表**を見て，次の問いに答えなさい。(5点×2)

□① **表**中の**X**にあてはまる都市名を答えなさい。（　　　　　）

□② **表**中の**Y**にあてはまる数を，次の**ア**～**エ**から１つ選び，記号で答えなさい。（　　　　）

ア 93　**イ** 133　**ウ** 193　**エ** 233

表

	国際連盟	国際連合
本部	ジュネーブ	X
加盟国	アメリカ不参加 日本・ドイツなど脱退	原加盟国 51 か国 2022 年現在加盟国数 Y
表決	全会一致	多数決

差がつく □(2) 右の**グラフ**は，国際連合の加盟国数の推移を示したものである。次の文を参考に，**A**アフリカと**B**ヨーロッパ・旧ソ連にあてはまるものを，**グラフ**中の**ア**～**エ**から１つずつ選び，記号で答えなさい。

(完答5点)

A（　　　）
B（　　　）

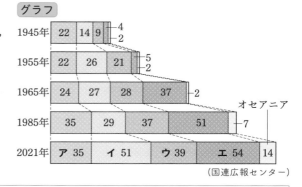

グラフ

（国連広報センター）

戦後，アジアやアフリカで植民地からの独立が続く中，冷戦中の 1960 年にはアフリカで 17 か国が独立した。マルタ会談で冷戦が終了すると，ソ連は崩壊し，連邦を構成していた国々が独立した。

✔ Check Points　**1** (2) 国家の「主権」とは，他国からの圧力や干渉を受けず，自国のことは自ら決定し，治めることができる権利である。

入試攻略Points
（→別冊 p.19）

❶国の主権が及ぶ範囲としての領域の特徴についておさえておこう。
❷国際連合のしくみ，安全保障理事会，専門機関の特徴についておさえておこう。
❸地域主義による組織の結びつきをおさえておこう。

(3) 国際連合のおもな組織を示した右の**図**を見て，次の問いに答えなさい。

□① **P** は国際法に従い国家間の紛争についての裁判を行う機関である。この機関を何というか，答えなさい。(5点)　（　　　　　　　　　）

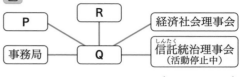

図

□② **Q** はすべての加盟国で構成される機関である。この機関を何というか，答えなさい。(5点)　（　　　　　　　　　）

□③ **R** は，世界の平和と安全に対して責任をもつ機関である。この機関を何というか，答えなさい。(5点)〔山口－改〕　（　　　　　　　　　）

□④ **R** を構成する常任理事国は，アメリカ合衆国，イギリス，ロシア，中国とあと1か国はどこか，国名を答えなさい。(5点)　（　　　　　　　　　）

差がつく
★重要
□⑤ **R** において，ある議案の採決結果が右のようになったため，この議案は採択されなかった。その理由を「拒否権」という語句を用いて，簡単に答えなさい。(10点)

	賛成	反対	棄権
常任理事国	4か国	1か国	なし
非常任理事国	8か国	1か国	1か国

（　　　　　　　　　　　　　　　　　　　　　　　　　　　　　　　　）

★重要 □(4) 次の機関などの略称をアルファベットで答えなさい。(5点×3)

a（　　　　　　　　） b（　　　　　　　　） c（　　　　　　　　）

a 子どもの権利条約に基づき，子どもの育つ環境確保のために活動する機関。〔山口－改〕
b 世界遺産の登録など，教育や文化などの面から世界平和の貢献を目ざす機関。〔長崎〕
c 紛争地域に派遣され，平和を保つことを目的とする活動。〔千葉〕

□(5) 右の**地図**中の**X・Y**にあたる組織の略称を，次の**ア～オ**から1つずつ選び，記号で答えなさい。(5点×2)

地図

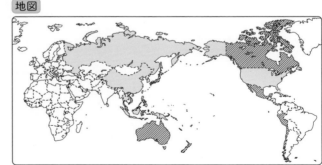

X（　　　） Y（　　　）

ア USMCA　　イ APEC
ウ EU　　　　エ ASEAN
オ TPP

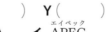記述問題にチャレンジ

国際連合の安全保障理事会の常任理事国がもつ拒否権とはどんな権限か，簡単に答えなさい。

〔　　　　　　　　　　　　　　　　　　　　　　　　　　　　　　　　　　　〕

✔ Check Points　**2** (3) ⑤安全保障理事会は5常任理事国と，10非常任理事国で構成され，重要問題の決定には，五大国の一致が必要である。

入試重要度 Ａ **Ｂ** Ｃ

国際社会の課題

時 間 **40**分
合格点 **80**点
得点　　　　点

解答➡別冊 p.19

1 ［地球上の諸問題］次の文を読んで，あとの問いに答えなさい。

> 今日，地球上では紛争などにともなう　**Ｘ**　の発生，**a** 貧困，**b** 環境問題など多くの問題を抱えている。

□(1) 次の文中の２か所ある**Ｘ**と上の文中の**Ｘ**には同じ語句があてはまる。この語句を答えなさい。(5点)〔佐賀－改〕　　　　（　　　　　　　）

> シリアなどでは，国を追われた　**Ｘ**　たちは，シリア国境に近いキャンプなどに逃れ，国連　**Ｘ**　高等弁務官事務所(UNHCR)の支援を受けて生活を送っている。

(2) 下線部**a**について，次の問いに答えなさい。(10点×2)

□① 南南問題という問題の内容を，簡単に答えなさい。

（　　　　　　　　　　　　　　　　　　　　　　　　　　　　　）

差がつく □② 貧困解消のための取り組みとしてのフェアトレードについて，「労働」「公正」という語句を用いて，次の文中の（　　　）にあてはまるように簡単に答えなさい。〔岐阜〕

（　　　　　　　　　　　　　　　　　　　　　　　　　　　　　）

> 発展途上国の人々が生産した農産物や製品を（　　　　　　　）で取り引きし，先進国の人々が購入することを通じて，発展途上国の生産者の経済的な自立を目ざす運動。

重要 (3) 下線部**b**について，次の問いに答えなさい。

□① 右の**図**の**Ａ～Ｃ**にあてはまるものを，次の**ア～ウ**から１つずつ選び，記号で答えなさい。(5点×3)

図

原因	⇨	地球環境問題	⇨	影響
・経済活動の拡大 ・人口の増加		地球温暖化	→	Ａ
		酸性雨	→	Ｂ
		オゾン層の破壊	→	Ｃ

Ａ（　　　）　Ｂ（　　　）　Ｃ（　　　）

ア 木が枯れたり，建物や彫像が溶けたりする。
イ 有害な紫外線が増え，健康被害が出る。
ウ 海面が上昇し，低地が水没する。

□② 右の**資料１・資料２**を参考に，近年，世界的問題となっている海洋プラスチックごみの問題点について，簡単に答えなさい。(10点)〔茨城－改〕

（　　　　　　　　　）

資料１ 海洋プラスチックごみが自然分解するまでにかかる年数

レジ袋	1～20 年
発泡スチロール製カップ	50 年
ペットボトル	400 年
釣り糸	600 年

資料２ 海洋プラスチックごみの量と魚の量の関係

海洋プラスチックごみの量

2014年　31100万t　→　2050年　112400万t

2050年までに，海洋プラスチックごみの量が魚の量を上回るとの試算が報告された。

(環境省など)

✔ Check Points　**1** (3) ②プラスチックが細かく砕かれた「マイクロプラスチック」が魚の体内から発見されるなど，プラスチックによる被害が広がっている。

入試攻略Points
（→別冊 p.20）

❶発展途上国の貧困問題を解決するためのさまざまな取り組みをおさえておこう。
❷世界の環境対策の会議の内容などをおさえておこう。
❸「持続可能な開発目標」のおおまかな内容をおさえておこう。

2 ［地球上の諸問題への対策］次の問いに答えなさい。

(1) 右の 2020 年の政府開発援助（ODA）の総額に占めるおもな国の
割合を示した**グラフ**を見て，次の問いに答えなさい。

□① **グラフ**中の**A〜D**は，アメリカ合衆国，イギリス，ドイツ，
日本のいずれかである。**A**にあてはまる国名を答えなさい。

（6点）〔山口－改〕（　　　　　　　　　）

グラフ

2020年
1612億
ドル

A 22.0%
B 17.6
C 11.5
D 10.1
フランス 8.8
その他 30.0

（2021/22年版「世界国勢図会」）

差がつく □② この援助において，日本は「技術，知識を発展途上国の
人々に伝える技術協力」を行っている。貧困などの課題に
対して，「持続可能な社会を形成する」ために技術協力が有効な理由を，「先進国」「自
立」という語句を用いて，簡単に答えなさい。（10点）〔滋賀〕

（　　　　　　　　　　　　　　　　　　　　　　　　　　　　　　　）

重要 □(2) 地球環境問題の解決に向けて述べた次の文中の**a・b**にあてはまる都市名を答えなさい。

（6点×2）〔埼玉 '20 －改〕 a （　　　　　） b （　　　　　）

> 1997 年に（ **a** ）市で開かれた，気候変動枠組条約の締約国会議の結果，先進国に温室効
> 果ガスの排出削減を義務づける（ **a** ）議定書が採択されたが，新たに 2015 年には（ **b** ）協
> 定が採択され，発展途上国を含むすべての参加国が削減目標を決めることで合意した。

差がつく □(3) 日本における太陽光発電と風力発電
に共通する利点と問題点について，
右の**資料**中の（　　）にあてはまる内
容を簡単に答えなさい。（10点）〔佐賀〕

資料

利点	問題点
・資源を国内で確保できる ・資源が枯渇しない ・発電時の（　　）	・発電量が不安定 ・発電に多額の費用が必要

（　　　　　　　　　　　　　　　　　　　　　　　　　　　　　　　）

□(4) 核軍縮に関して，1968 年に結ばれた，核保有国以外の核兵器保有を禁止する条約を，次
の**ア〜ウ**から 1 つ選び，記号で答えなさい。（6点）　　　（　　　　）

ア 核兵器禁止条約　　**イ** 核拡散防止条約　　**ウ** 包括的核実験禁止条約

重要 □(5) 2015 年の国際連合の総会で合意された，2030 年までの貧困の解消など 17 の「持続可能
な開発目標」の略称をアルファベット 4 字で答えなさい。（6点）　　（　　　　）

✏️ 記述問題にチャレンジ

地球環境問題の解決のための基本理念である「持続可能な開発」の考え方を，「保全」「将来」
という語句を用いて，簡単に答えなさい。〔福岡〕

〔　　　　　　　　　　　　　　　　　　　　　　　　　　　　　　　　　〕

✓ Check Points　**2**(3) 太陽光発電など再生可能エネルギーの利点は，石油などの化石燃料のように枯渇しない点
と，地球温暖化の抑制に役立つという点などがあげられる。

1 時間目
2 時間目
3 時間目
4 時間目
5 時間目
6 時間目
7 時間目
8 時間目
9 時間目
10 時間目
11 時間目
12 時間目
13 時間目
14 時間目
15 時間目
総仕上げテスト

総仕上げテスト ①

時間 **50**分　合格点 **70**点　解答 ➡ 別冊 p.20　得点　点

月　日

1 次の問いに答えなさい。〔長崎−改〕

□(1) 1948年に国際連合で採択された，人権保障の模範となっているものを何というか，答えなさい。(5点)　（　　　　　　　）

□(2) 日本国憲法で定められている国民の義務は，子どもに普通教育を受けさせる義務，勤労の義務とあと1つは何か，答えなさい。(5点)　（　　　　　　　）

□(3) 右の**資料**は，国会議員の**A**さんにインタビューをしてまとめた取材メモである。これを参考に，次の文中の（　　）にあてはまる内容を，衆議院議員と参議院議員の任期の違いに触れて，簡単に答えなさい。(10点)

> **資料**
> ・取材日：2021年2月
> ・2016年7月の選挙で当選し現在1期目，比例代表で選出。
> ・予算委員会に所属。持続可能な社会づくりが活動のテーマ。

> **A**さんは参議院議員であることが分かる。その理由は（　　）である。

（　　　　　　　　　　　　　　　　）

□(4) 国会について，次の文中の**P〜R**にあてはまる語句を答えなさい。(4点×3)

P（　　　　　　）　Q（　　　　　　）　R（　　　　　　）

> （ **P** ）が作成した国の予算は，先に（ **Q** ）で審議が行われる。その後，各議院がそれぞれ異なる議決をした場合，必ず（ **R** ）を開かなければならない。

□(5) 内閣について，次の日本国憲法条文中の（　　）にあてはまる語句を答えなさい。(4点)　（　　　　　　　）

> 第66条3項　内閣は，行政権の行使について，国会に対し（　　）して責任を負ふ。

□(6) 日本の司法制度について，右の**表1・表2**から長崎県について読み取れることを簡単に答えなさい。なお，具体的な数値を示す必要はない。(10点)

表1

人口10万人あたりの弁護士数	都道府県名
40人以上	東京都，大阪府
18〜39人	京都府，愛知県，他9県
12〜17人	長崎県，群馬県，他23県
11人以下	滋賀県，三重県，他7県

※人口10万人あたりの弁護士数の全都道府県における平均は18.7人。
（2021年版「弁護士白書」）

表2

法テラスの事務所数	都道府県名
7か所	長崎県
6か所	北海道
5か所	鹿児島県
4か所	埼玉県，東京都，静岡県，高知県
3か所以下	京都府，大阪府，他38県

（2020年版「法テラス白書」）

□(7) 地方財政における税収入の不均衡を是正するために，国が使いみちを指定しないで地方公共団体に配分する資金を何というか，答えなさい。(4点)　（　　　　　　　）

2 次の問いに答えなさい。

□(1) 経済の三主体を示した**資料Ⅰ**中の**A・B**にあてはまる語句をそれぞれ漢字2字で答えなさい。(4点×2)

A(　　　　　)　B(　　　　　)

資料1 経済の循環

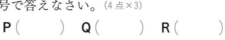

□(2) **資料Ⅰ**中の**P～R**にあてはまる語句を，次の**ア～エ**から1つずつ選び，記号で答えなさい。(4点×3)

P(　　　)　Q(　　　)　R(　　　)

ア 公共サービス　　**イ** 賃金　　**ウ** 税金　　**エ** 代金

□(3) 消費者が訪問販売などで契約をした場合，一定の期間内であれば無条件で契約を取り消すことができる制度を何というか，答えなさい。(5点)〔群馬〕(　　　　　　　　　　　　)

□(4) 消費者がクレジットカードを利用する上で注意しなければならないことを，**資料2・資料3**をふまえて，簡単に答えなさい。

(10点)〔群馬〕

(　　　　　　　　　　　　　　　　　　)

資料2 クレジットカード利用時のお金の流れ

お店　←　カード会社　←　消費者
　　　　①　　　　　　②
①カード会社が，消費者が払うお金を立てかえる。
②消費者が，カード会社にお金を後で支払う。

資料3 クレジットカード利用者の声

　私は20歳のとき，クレジットカードをつくりました。このカードを利用すると，お金を使った実感をもちにくく，収入を考えず使いすぎました。

□(5) 消費者は，労働で所得を得る人が多いが，労働者の団結する権利を保障している法律を，次の**ア～ウ**から1つ選び，記号で答えなさい。(5点)〔群馬〕(　　　　)

ア 労働基準法　　**イ** 労働組合法　　**ウ** 労働関係調整法

□(6) 右の**資料4**から読み取ることができる内容として正しいものを，あとの**ア～キ**から1つ選び，記号で答えなさい。

(10点)〔福島〕(　　　　)

A 「お金を得るため」と回答した割合は，どの年齢層においても最も高い。

資料4 「働く目的は何か」という質問に対しての年齢層別回答割合(単位：%)

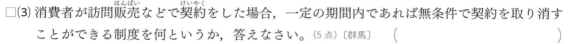

	お金を得るため	社会の一員として務めを果たすため	自分の才能や能力を発揮するため	生きがいを見つけるため	わからない
18～29歳	65.1	10.8	13.0	10.6	0.5
30～39歳	72.2	10.8	8.0	8.7	0.3
40～49歳	70.6	12.9	6.6	9.5	0.4
50～59歳	62.9	14.6	6.1	14.5	1.9
60～69歳	52.0	16.4	8.9	19.2	3.5
70歳以上	37.3	16.7	7.6	27.2	11.2

(2019年)　　　　　　　　　　　　　　　　(内閣府)

B 「社会の一員として務めを果たすため」と回答した割合は，年齢層が低いほど高い。

C 「自分の才能や能力を発揮するため」と回答した割合は，「わからない」を除いた回答の中で，すべての年齢層において最も低い。

D 70歳以上で「生きがいを見つけるため」と回答した割合は，30～39歳の3倍以上である。

ア AとB　　**イ** AとCとD　　**ウ** BとC　　**エ** BとCとD　　**オ** AとD

カ BとD　　**キ** CとD

総仕上げテスト ②

解答➡別冊 p.21

時間 **50**分
合格点 **70**点
得点 　　　点

1 右の図を見て，次の問いに答えなさい。

□(1) 図中の **A**・**B** にあてはまる語句を答えなさい。
(4点×2) A（　　　　　　　　　）
B（　　　　　　　　　）

□(2) 図中の **P〜R** にあてはまる語句を，次の**ア〜**
カから１つずつ選び，記号で答えなさい。
(4点×3) P（　　） Q（　　） R（　　）
ア 選挙　　**イ** 世論　　**ウ** 国民審査（しんさ）　　**エ** 違憲審査（いけん）
オ 最高裁判所長官の指名　　**カ** 衆議院の解散

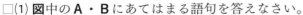

図
（ B ）の指名
内閣不信任の決議
違憲立法審査
b 国会
a 国民
裁判官の（ A ）
P
R
Q
内閣　　　　　　　裁判所
行政の命令や処分の違憲・違法審査

□(3) 図のように，権力の分立が必要だと主張し，『法の精神』を著（あらわ）したフランスの思想家はだれか，答えなさい。(4点)〔福島〕 （　　　　　　　　　）

□(4) 下線部 **a** について，国民の基本的人権のうち，憲法で保障されている身体の自由に関する記述を，次の**ア〜エ**から１つ選び，記号で答えなさい。(4点)〔大阪−改〕 （　　　）
ア 信教の自由は，何人（なんびと）に対してもこれを保障する。　　**イ** 学問の自由は，これを保障する。
ウ 財産権は，これを侵（おか）してはならない。　　**エ** 何人も，いかなる奴隷的拘束（どれい　こうそく）も受けない。

□(5) 下線部 **b** について，予算案の両院の採決結果が右のようになり，両院協議会を開いても意見が一致（いっち）しなかった場合，国会の議決はどのようになるか，理由を含（ふく）めて，簡単に答えなさい。(8点)〔徳島−改〕

	衆議院	参議院
賛成投票数	298	110
反対投票数	167	138
投票総数	465	248

（　　　　　　　　　　　　　　　　　　　　　）

□(6) 下線部 **b** のうちの衆議院について，下の**グラフ**は総選挙における当選者に占（し）める女性の割合の推移，**表**は，おもな世界の国における下院の女性議員の割合を示す。**グラフ**と**表**から，日本の女性議員の割合について読み取れることを，簡単に答えなさい。(8点)〔和歌山−改〕
（　　　　　　　　　　　　　　　　　　　　　）

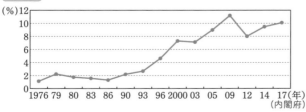

グラフ

表

国名	下院の女性議員の割合(%)
メキシコ	42.6
南アフリカ	41.8
フランス	39.0
アルゼンチン	38.1
世界平均	23.6

（2017年）　　　　　　　　　　（内閣府）

□(7) わが国では，国会と内閣の間で議院内閣制がとられている。議院内閣制とはどのような制度か。「信任」「連帯」という語句を用いて，簡単に答えなさい。(8点)〔福島〕
（　　　　　　　　　　　　　　　　　　　　　）

1 時間目
2 時間目
3 時間目
4 時間目
5 時間目
6 時間目
7 時間目
8 時間目
9 時間目
10 時間目
11 時間目
12 時間目
13 時間目
14 時間目
15 時間目
総仕上げテスト

2 次の文を読んで，あとの問いに答えなさい。

> 生産を行う企業の中心的存在は**a**株式会社であり，生産された商品には**b**価格がつけられ，その価格は需要量と供給量の関係で変化する。日本は資本主義経済であるため，**c**景気変動が見られ，そのときには政府や日本銀行が中心となって景気の調整を行うこととなる。

□(1) 下線部 **a** について述べた次の文中の **A〜C** にあてはまる語句をそれぞれ漢字 2 字で答えなさい。(4点×3)　　　A（　　　　　）　B（　　　　　）　C（　　　　　）

> 株式会社は株式を発行し，（ **A** ）と呼ばれる購入者から資金を集める（ **B** ）金融で多くの資本金を集める。（ **A** ）は，所有する株式数に応じて（ **C** ）を受け取ることができる。

□(2) 下線部 **b** について，右の**資料 I** は，東京都中央卸売市場でのほうれんそうの入荷量と価格の動きを表している。ほうれんそうの入荷量と価格の関係について，「ほうれんそうの入荷量が」に続けて，簡単に答えなさい。(10点)〔青森〕

(ほうれんそうの入荷量が

資料1

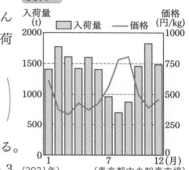

□(3) 下線部 **c** について，右下の**資料 2** は，景気変動を表している。**資料 2** 中の **X** のときに見られる状況を，次の**ア〜カ**から 3 つ選び，記号で答えなさい。(完答8点)〔北海道〕

（　　・　　・　　）

ア 物価の上昇　　　**イ** 物価の下落
ウ 企業の生産の拡大　**エ** 企業の生産の縮小
オ 賃金の減少　　　**カ** 家計の消費の増加

資料2

□(4) **資料 2** 中の **X** のときに政府が行う財政政策について述べた次の文中の **P・Q** にあてはまる語句を，あとの**ア〜エ**から 1 つずつ選び，記号で答えなさい。(4点×2)〔高知−改〕　　　P（　　　）　Q（　　　）

> 政府は景気の行き過ぎを防ぐために（ **P** ）を行ったり，公共事業を（ **Q** ）たりする。

ア 増税　　**イ** 減税　　**ウ** 増やし　　**エ** 減らし

□(5) 日本の中央銀行である日本銀行は，金融政策の中心として公開市場操作を行う。**資料 2** 中の **X** のときには，どのような公開市場操作を行うか。右の**資料 3** を参考にして，「国債」「お金の量」「貸し出し」という語句を用いて，簡単に答えなさい。(10点)

資料3

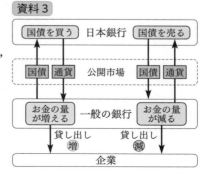

総仕上げテスト ③

解答➡別冊 p.22

時間 **50**分
合格点 **70**点

得点

点

1 次の問いに答えなさい。

□(1) 右の**図1**中の**a～c**にあてはまる語句を答え
なさい。(4点×3)〔山口－改〕　**a**（　　　　）
b（　　　　）　**c**（　　　　）

□(2) 次の文をもとに，裁判の種類，法廷の座席など
の配置を表した図の組み合わせとして適切
なものを，あとの**ア～エ**から1つ選び，記号
で答えなさい。(5点)〔愛媛〕　（　　　　）

> **O**さんは，貸したお金を返してくれない
> **P**さんを訴えた。裁判所は，**O**さんの訴え
> を認め，**P**さんに返済を命じた。

ア 民事裁判と**図2**　**イ** 民事裁判と**図3**　**ウ** 刑事裁判と**図2**　**エ** 刑事裁判と**図3**

図1
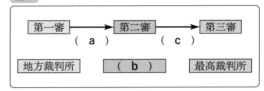

図2　図3
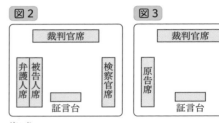

2 次の問いに答えなさい。

□(1) 右の**図1**中の**A～C**にあてはまる語句をそれぞれ漢字
2字で答えなさい。(4点×3)
A（　　　　）　**B**（　　　　）　**C**（　　　　）

□(2) 右の**図1**と**図2**を参考に，地方公共団体の首長と内閣
総理大臣の選出方法の違いを，「有権者」「国会」とい
う語句を用いて，簡単に答えなさい。(10点)〔岐阜－改〕

（
　　　　　　　　　　　　　　　　　　　　　　　　　
）

□(3) 地方自治では，住民の直接請求権が認められている。有権者数が
30000人の都市で**図1**中の**C**の制定を求める場合，有権者の
（ **X** ）人以上の署名を集め，（ **Y** ）に請求する。**X・Y**にあては
まる数字・語句を答えなさい。

(4点×2)〔沖縄－改〕

X（　　　　）
Y（　　　　）

□(4) おもな行政事務を表した右の**資料**から，国と
比較した地方の事務の特色を読み取り，簡単
に答えなさい。(10点)〔栃木－改〕

（
　　　　　　　　　　　　　　　　　　　　　　　　　
）

図1
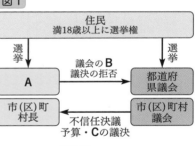

図2

資料

	教育	福祉	その他
国	・大学	・医師等免許	・防衛 ・外交
地方	・小中学校 ・幼稚園	・国民健康保険 ・ごみ処理	・消防 ・戸籍

3 次の問いに答えなさい。

□(1) ある商品の生産量が増加した場合の，需要曲線または供給曲線の変化について，適切なものを，**図1**の**ア〜エ**から1つ選び，記号で答えなさい。（5点）〔高知〕　（　　　）

図1

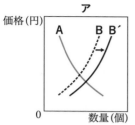 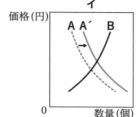 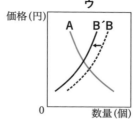 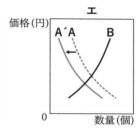

□(2) 1979年度，1999年度，2019年度の日本の一般会計の歳出の内訳を表した**図2**の**ア〜ウ**を，年代の古い順に並べかえ，記号で答えなさい。（完答8点）〔三重－改〕

図2

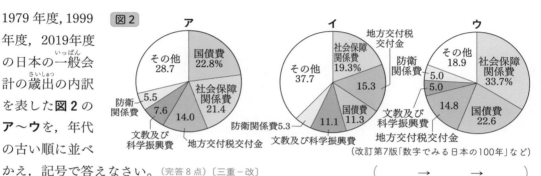

（改訂第7版「数字でみる日本の100年」など）

（　　　→　　　→　　　）

□(3) アメリカから日本へ2万ドルの自動車を輸入した場合を模式的に表した**図3**の**A・B**にあてはまる語句，**C・D**にはあてはまる数値を答えなさい。ただし，**A・B**には，円高，円安のいずれかがあてはまる。

（5点×4）〔和歌山－改〕

図3

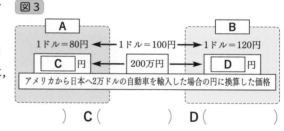

A（　　　）　**B**（　　　）　**C**（　　　）　**D**（　　　）

□(4) 日本の廃プラスチックの処理状況に関して，下の**資料1〜資料3**から読み取れる，持続可能な社会を実現するための日本の課題を，「輸出」「国内」という語句を用いて，簡単に答えなさい。（10点）〔三重〕

（　　　　　　　　　　　　　　　　　　　　　　　　　　　　　　）

資料1 2017年における日本の廃プラスチックの処理状況

211万t	国内で処理 38.4%	海外で処理 61.6

※数値は，処理前と同様の用途の原料として再生利用するものの内訳。　（プラスチック循環利用協会など）

資料2 2017年7月における日本の廃プラスチックのおもな輸出先

中国 76%	ベトナム7	マレーシア6	タイ3	台湾5	その他3

（財務省）

資料3 海外における廃プラスチックの輸入規制の動向

・中国	2017年12月末	非工業由来廃プラスチックの輸入禁止
	2018年12月末	工業由来廃プラスチックの輸入停止
・ベトナム	2018年6月	輸入基準を厳格化
・マレーシア	2018年7月	実質的に輸入禁止
・台湾	2018年10月	輸入規制の厳格化
・タイ	2021年	全面輸入禁止の方針

（経済産業省など）

試験における実戦的な攻略ポイント5つ

① 問題文をよく読もう！

　問題文をよく読み，意味の取り違えや読み間違いがないように注意しよう。
　選択肢問題や計算問題，記述式問題など，解答の仕方もあわせて確認しよう。

② 解ける問題を確実に得点に結びつけよう！

　解ける問題は必ずある。試験が始まったらまず問題全体に目を通
し，自分の解けそうな問題から手をつけるようにしよう。
　くれぐれも簡単な問題をやり残ししないように。

③ 答えは丁寧な字ではっきり書こう！

　答えは，誰が読んでもわかる字で，はっきりと丁寧に書こう。
　せっかく解けた問題が誤りと判定されることのないように注意しよう。

④ 時間配分に注意しよう！

　手が止まってしまった場合，あらかじめどのくらい時間をかけるべきかを決めておこう。解
けない問題にこだわりすぎて時間が足りなくなってしまわないように。

⑤ 答案は必ず見直そう！

　できたと思った問題でも，誤字脱字，計算間違いなどをしているかもしれない。ケアレスミ
スで失点しないためにも，必ず見直しをしよう。

受験日の前日と当日の心がまえ

前日

● 前日まで根を詰めて勉強することは避け，暗記したものを確認する程度にとどめておこう。

● 夕食の前には，試験に必要なものをカバンに入れ，準備を終わらせておこう。
　また，試験会場への行き方なども，前日のうちに確認しておこう。

● 夜は早めに寝るようにし，十分な睡眠をとるようにしよう。もし翌日
の試験のことで緊張して眠れなくても，遅くまでスマートフォンなど
を見ず，目を閉じて心身を休めることに努めよう。

当日

● 朝食はいつも通りにとり，食べ過ぎないように注意しよう。

● 再度持ち物を確認し，時間にゆとりをもって試験会場へ向かおう。

● 試験会場に着いたら早めに教室に行き，自分の席を確認しよう。また，トイレの場所も確認
しておこう。

● 試験開始が近づき緊張してきたときなどは，目を閉じ，ゆっくり深呼吸しよう。

❶ 次の社会で，商品の企画は国内で，生産は海外の企業で行うことなどを何といいますか。

チェック欄
□ **グローバル化（国際化）**

参考　商品の生産を海外の発展途上国の企業に発注するのは，賃金などが安いためである。

❷ 次の社会で求められる情報の真偽や価値を判断し，情報を発信する力を何といいますか。

□ **情報社会**

注意　情報モラルとは，情報を利用する場合に，他の人の権利に配慮することを意味している。

❸ 次の社会を示す右の統計資料を，（例）にならってグラフに表しなさい。

〈日本の年齢構成〉

0～14歳	11.9%
15～64歳	59.5%
65歳以上	28.6%

(2020年)

□ **少子高齢社会**

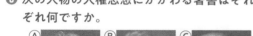

（例）
インド(2016年)　0～14歳 28.1%　15～64歳 65.8　65歳以上 6.2

※四捨五入の関係で合計が100%になっていない。

❹ 次の □ の部分を何世帯といいますか。

〈日本の家族類型別世帯数の変化〉 (万世帯)

```
     0   1000  2000  3000  4000  5000  6000
1980        5.7
年  12.4% 42.1    19.8   20.0
            54.0%   一人親と子ども その他の世帯
2020  夫婦のみ 夫婦と子ども 9.0  単独世帯   8.0
年  20.0%   25.0          38.0
```

(2022/23年版「日本国勢図会」など)

❺ グローバル化が進む社会で次のことを深め，複数の文化の共生を目ざす社会を何といいますか。

□ **異文化理解**

参考　異文化理解とは，互いに他の文化の固有の価値を認め合うことを意味している。

❻ 次の人物の人権思想にかかわる著書はそれぞれ何ですか。

Ⓐ　　　Ⓑ　　　Ⓒ
（ロック）　（モンテスキュー）　（ルソー）
(1632～1704年)　(1689～1755年)　(1712～1778年)

❼ 次の図のように，国家権力が民主的に定めた法によって制限される原則を何といいますか。

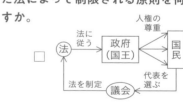

❽ 次の権利を世界で最初に保障したドイツの憲法を何といいますか。また何年に制定されましたか。

□ **社会権**

参考　国家に対して人間らしい生活を求める権利を社会権という。日本では，日本国憲法で初めて規定。

❾ 次の宣言に法的拘束力をもたせるために，1966年に国連が採択した条約は何ですか。

〈世界人権宣言の一部〉
第1条　すべての人間は，生まれながらにして自由であり，かつ，尊厳と権利とについて平等である。人間は，理性と良心とを授けられており……

□ **世界人権宣言**
（1948年採択）

❿ 日本国憲法で，次の手続きがとられた年月日を答えなさい。

□ **Ⓐ公布**
Ⓑ施行

参考　Ⓐ公布…制定を国民に知らせること。
Ⓑ施行…実際に適用すること。実施。

⓫ 次の行為を国民が行うのは何のときですか。

□ **国民投票**

注意
• 国民審査…国民の直接投票による最高裁判所裁判官の審査。
• 住民投票…地方議会の解散請求や首長・議員の解職請求成立後の住民投票。特別法の住民投票。

❶ ヒト・カネ・モノの国際交流が進み，次のことが活発に行われることを何といいますか。

□ **国際分業**

📖参考 各国が自国に有利なものを生産し，貿易によって交換しあうことを国際分業という。

---

❸ 次のグラフから，日本は何社会といえますか。

〈年齢構成の国際比較〉

	0〜14歳	15〜64歳	65歳以上
日本(2020年)	11.9%	59.5	28.6
インド(2016年)	28.1%	65.8	6.2

※四捨五入の関係で合計が100％になっていない場合がある。
（2022/23年版「日本国勢図会」）

💡ヒント 日本は，14歳以下の割合が低く，65歳以上の割合が高い。

---

❷ 次の能力が求められる双方向の情報の送受信が可能になった社会を何といいますか。

□ **情報リテラシー（メディアリテラシー）**

💡ヒント インターネットの急速な普及により，双方向の情報の送受信が可能になった社会。

---

❺ グローバル化が進むなか，次の社会を形成するために必要となる文化の相互理解を何といいますか。

□ **多文化共生社会**

💡ヒント 互いに他の異なる文化の固有の価値を認め合うこと。

---

❹ 次の世帯は，現在(2020年)の日本の総世帯数の何％を占めますか。（　）から1つ選びなさい。

□ **核家族世帯(24.0％ 54.0％ 94.0％)**

📖参考 核家族世帯とは，「夫婦のみ」「夫婦と子ども」「1人親と子ども」の世帯をいう。

---

❼ 民主政治の基礎となる次の原則は，国家権力がどのような状態にあることを意味していますか。

□ **法の支配**

💡ヒント 専制政治で，統治者の意思によって法が定められ，人民を治める状態を「人の支配」という。

---

❻ 次の著書を著した人物名を答えなさい。

Ⓐ 『**統治二論**』（1690年）

□ Ⓑ 『**法の精神**』（1748年）

Ⓒ 『**社会契約論**』（1762年）

---

❾ 次の規約は，国連総会で採択された何という宣言を条約化したものですか。

□ **国際人権規約（1966年採択）**

📖参考 規約は条約と同じなので，締約国に法的拘束力を課す。日本は1979年に批准した。

---

❽ 次の憲法で，世界で最初に保障した人権とは何ですか。

□ **ワイマール憲法**（1919年制定）

📖参考 「経済生活の秩序は，すべての者に人間たるに値する生活を保障する……」（ワイマール憲法第151条）と規定した。

⓫ 次の手続きのとき，国民が承認する行為を何といいますか。

□ **憲法改正**

〈憲法改正の手続き〉

改正案 → 国会の発議 → 国民の承認 → 成立 → 公布

---

❿ 日本国憲法で，次の年月日にとられた手続きを答えなさい。

□ Ⓐ **1946(昭和21)年11月3日**
　Ⓑ **1947(昭和22)年5月3日**

📖参考 11月3日は「文化の日」，5月3日は「憲法記念日」として国民の祝日とされている。

⑬ 日本国憲法での次の３つの自由を保障する権利をまとめて何といいますか。

□ **精神の自由・身体の自由・経済活動の自由**

📖 参考　この権利は，市民革命などを経て，18〜19世紀の西欧諸国で確立された。

---

⑫ 日本国憲法における三大原則をあげなさい。

□ **（日本国憲法の）三大原則**

💡 ヒント　三大原則は，「国民による政治」「国民のための政治」「国際協調」の３つを意味している。

---

⑮ 次の法律は，日本が1985年にある条約を批准することによって制定された。その条約を何といいますか。

□ **男女雇用機会均等法**

📖 参考　事業主は，募集や採用，配置，昇進などにあたって，女性ということを理由に差別してはならない。

---

⑭ 次の法律は，憲法第14条で定められたどんな原則に基づいて制定されましたか。

□ **男女共同参画社会基本法**

📖 参考　「参画」とは，単に「参加」するのではなく，政策の決定と実行，責任を負うという意味がある。

---

⑰ 日本国憲法が保障する次の４つの権利をまとめて何といいますか。

□ **生存権・教育を受ける権利**
（第25条）　　　（第26条）
勤労の権利・労働基本権
（第27条）　　　（第28条）

📖 参考　労働基本権（労働三権）…団結権・団体交渉権・団体行動権（争議権）。

---

⑯ 日本国憲法で次の基本的人権を保障している第25条の１項を述べなさい。

□ **生存権**

💡 ヒント　「すべて国民は，□□□の生活を営む権利を有する。」

---

⑲ 医師から次のことを受けた上で，治療方法を自分の意思で決める権利を何といいますか。

□ **インフォームド−コンセント**

💡 ヒント　近年，主張されるようになった新しい人権で，臓器提供の意思表示もその１つ。

---

⑱ 次の新しい人権を保障するために，1999年に制定された法律を何といいますか。

□ **知る権利**

📖 参考　新しい人権として，ほかに環境権，プライバシーの権利，自己決定権，アクセス権などがある。

㉑ 次の議員数は参議院と衆議院のどちらですか。　□ **465人**

	衆議院	参議院
任期	4年（解散あり）	6年（3年ごとに半数改選，解散なし）
選挙人の年齢	満18歳以上	満18歳以上
被選挙人の年齢	満25歳以上	満30歳以上
選挙区	小選挙区選出□□□人　比例代表選出□□□人	比例代表選出□□□人　選挙区選出□□□人

---

⑳ 選挙の四原則とは下の１つと平等選挙，秘密選挙とあと１つは何ですか。

□ **直接選挙**

💡 ヒント　平等選挙は1人1票，秘密選挙は無記名で投票する選挙制度。

㉓ 次の権限のうち，「予算は先に衆議院に提出する」権限を何といいますか。

□ **衆議院の優越**

📖 参考　衆議院の優越には，ほかに「法律案の議決」「予算の議決」「条約の承認」「内閣総理大臣の指名」「内閣不信任決議」がある。

㉒ 次のことが議題の中心となる，衆議院解散後の総選挙の日から30日以内に召集される国会は何ですか。

□ **内閣総理大臣の指名**

📖 参考　内閣総理大臣の指名には衆議院の優越がはたらき，衆議院の指名が優先される。

⑫ 日本国憲法での次の３つの考えをまとめて何といいますか。

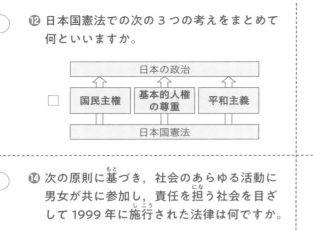

□

⑬ 日本国憲法での次の権利を３つに大別しなさい。

□ **自由権**

ヒント

---

⑭ 次の原則に基づき，社会のあらゆる活動に男女が共に参加し，責任を担う社会を目ざして 1999 年に施行された法律は何ですか。

□ **法の下の平等（憲法第 14 条）**

 ヒント　伝統的な男女の役割分担にとらわれない社会。

⑮ 次の条約を日本が批准するにともない，1985 年に制定された法律を何といいますか。

□ **女子差別撤廃条約**（1979 年国連採択 / 1985 年日本批准）

参考　子ども（児童）の権利条約を日本は 1994 年に批准したが，これにともない児童虐待防止法などを制定した（2000 年）。

---

⑯ 次の日本国憲法の条文は，基本的人権のうちのどんな人権を保障していますか。

□ **すべて国民は，健康で文化的な最低限度の生活を営む権利を有する。**

 ヒント　日本国憲法第 25 条 1 項で，社会権の 1 つである。

⑰ 日本国憲法での次の権利を４つに大別しなさい。

□ **社会権**

ヒント　日本国憲法第 25 条，第 26 条，第 27 条，第 28 条で規定されている。

---

⑱ 次の法律が制定されるもととなった，新しい人権とは何ですか。

□ **情報公開法**

参考　国の行政の保有する情報を公開することを義務づけた法律。1999 年制定。地方公共団体は情報公開条例を制定。

⑲ 次の新しい人権が主張されるようになると，治療に際し医師による何が必要だとされていますか。

□ **自己決定権**

ヒント　患者の意思決定を尊重するために必要とされている，治療方針の事前の十分な説明のこと。

---

⑳ 次は選挙の四原則の１つだが，有権者が直接に当選させたい人を選ぶ原則を何といいますか。

□ **普通選挙**

参考　普通選挙とは，一定の年齢に達したすべての国民が選挙権をもつこと。

㉑ 次の議院の議員定数は何人ですか。

□ **衆議院**

ヒント　小選挙区選出 289 人，比例代表選出 176 人。衆議院議員の選挙制度を小選挙区比例代表並立制という。（参議院の議員定数は 248 人。〈比例代表選出 100 人，選挙区選出 148 人〉）

㉒ 次の国会で最優先される議題は何ですか。

□ **特別会（特別国会）**

参考　特別会は，衆議院解散後の総選挙の日から 30 日以内に召集される。ほかに，常会（通常国会）・臨時会（臨時国会）・参議院の緊急集会がある。

㉓ 次の権限は衆議院だけに認められている。このように衆議院が参議院よりも強い権限を認められていることを何といいますか。

□ **予算先議権**

参考　「内閣不信任決議権」も衆議院だけに認められている権限である。

㉔ 次の決議が衆議院で可決されると，内閣は10日以内に総辞職をするか，何をしなければなりませんか。

☐ **内閣不信任決議**

参考　内閣が国会の信任に基(もと)づいてつくられ，国会に対して連帯責任を負う制度を議院内閣制という。

㉕ 次の裁判制度での図のⒶ・Ⓑの手続きをそれぞれ何といいますか。

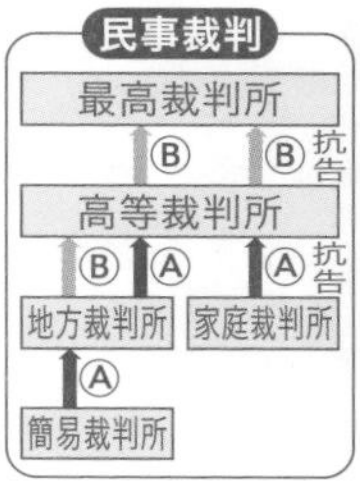

民事裁判
最高裁判所
Ⓑ
Ⓑ 抗告
高等裁判所
Ⓑ Ⓐ
Ⓐ 抗告
地方裁判所
家庭裁判所
Ⓐ
簡易裁判所

☐ **三審(さんしん)制**

㉖ 次の審査(しんさ)を受けるのは，どの裁判所の裁判官ですか。

国会
内閣
裁判所
選挙
世論
国民審査
国民

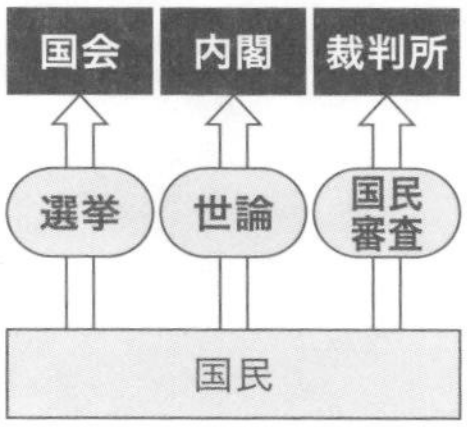

☐ **国民審査**

ヒント　下級裁判所の裁判官には適用されない。

㉗ 次の裁判所は，三権のうち，どの機関に設置されますか。

☐ **弾劾(だんがい)裁判所**

ヒント　三権とは，国会（立法）・内閣（行政）・裁判所（司法）。この裁判所の設置は，三権の抑制(よくせい)と均衡(きんこう)のはたらきをする１つである。

㉘ 次の機関が制定する，その地方公共団体だけに適用されるきまりを何といいますか。

☐ **地方議会**

参考　地方議会は，予算の議決や決算の承認(しょうにん)などを行い，首長の不信任議決権をもつ。

㉙ 次は住民による直接請求(せいきゅう)の一部である。この２つの請求は，有権者のどれだけの署名があれば成立しますか。

☐ **議会の解散，首長・議員の解職**

ヒント　条例の制定・改廃(かいはい)，監査(かんさ)は，ともに有権者の50分の１以上である。

㉚ 次の法律の略称(りゃくしょう)をアルファベットを使って表しなさい。

〈製造物責任法の一部〉

第１条　この法律は，製造物の欠陥(けっかん)により人の生命，身体又(また)は財産に係(かか)る被害(ひがい)が生じた場合における製造業者等の損害賠償(ばいしょう)の責任について定める……

☐ **製造物責任法**

参考　消費者保護を目的とした法律。1994年制定。

㉛ 訪問販売(はんばい)などでは，次の期間であれば図のような書面で，購入契約(こうにゅうけいやく)を解除できる。この制度を何といいますか。

☐ **８日以内**

契約解除通知書

私は貴社と締結した左記の契約について、解除します。つきましては、支払い済みの〇円を直ちに返金してください。

記

契約日　令和〇年〇月〇日
商品名　〇〇〇
代　金　〇〇円
令和〇年〇月〇日
住　所　氏　名
宛先住所
会社名
代表取締役　〇〇〇〇殿

㉜ 次の価格は需要(じゅよう)量と供給量の関係では決まらない。一方，自由競争が行われている市場において，需要量と供給量が一致(いっち)したときの価格を何といいますか。

☐ **公共料金**

参考　電力・都市ガス・水道・鉄道・郵便などの公共料金は，国や地方公共団体の決定・認可(にんか)が必要。

㉝ 次の会社組織で，資本を集めるために発行される有価証券を何といいますか。

☐ **株式会社**

ヒント　株式会社が資本を集めるために有価証券を発行する。

㉞ 次の法律に基(もと)づいて，独占(どくせん)を監視(かんし)し，自由競争の確保に努めている国の機関を何といいますか。

☐ **独占禁止法**

参考　正式名称(めいしょう)は「私的独占の禁止及(およ)び公正取引の確保に関する法律」。1947年制定。

㉟ 次の３つの法律をまとめて何といいますか。

☐ **労働基準法**
労働組合法
労働関係調整法

参考　労働者の権利が保障された代表的な法律。

（切り取り線）

㉕ 次のⒶ・Ⓑの手続きに
よって裁判を3回求め
ることができるしくみ
を何といいますか。

刑事裁判

最高裁判所
Ⓑ Ⓑ 抗告
高等裁判所
Ⓐ Ⓐ 抗告
地方裁判所 家庭裁判所
簡易裁判所

□ Ⓐ控訴（こうそ） Ⓑ上告

㉔ 次の内閣の決定は，衆議院のある決議に対
抗（たい）するものである。何という決議ですか。

□ 衆議院の解散

参考 内閣は，自らの政策を国民に問う必要があると判
断した場合にも，衆議院を解散することができる。

㉗ 次の機関に設置される，裁判官をやめさせ
るかどうかの裁判所を何といいますか。

□ 国会（立法）

ヒント 衆参両院から選出された各7名の議員が裁判員
の役目を果たす。罷免（ひめん）判決が下されると，訴追（そつい）さ
れた裁判官はやめさせられる。

㉖ 次の裁判官が国民の直接投票によって審査
（しんさ）されることを何といいますか。

□ 最高裁判所裁判官

ヒント この投票により過半数が罷免（ひめん）に賛成であれば，そ
の最高裁判所裁判官は罷免される。

㉙ 次の署名数によっ
て，住民が直接請
（せい）求（きゅう）できるものは何
と何ですか。

□ （有権者の）
3分の1以上

〈住民による直接請求〉

必要な署名数	請求の種類
有権者の50分の1以上	条例の制定・改廃
	監査
有権者の3分の1以上※	

※有権者の数が40万人以内の場合。

㉘ 次のきまりを制定・改廃（かいはい）する地方公共団体
の機関は何ですか。

□ 条例

参考 条例は，法律の範囲（はんい）内で制定することができ，そ
の地方公共団体だけに適用される。

㉛ 次の制度では，訪問販売（はんばい）などで購入（こうにゅう）した場
合，書面で何日以内に通知すれば契約（けいやく）を解
除することができますか。

□ クーリング–オフ

参考 契約後，「頭を冷やして考え直す（クーリング–オ
フ）」という意味。

㉚ 次は消費者保護を目的とした法律の略称（りゃくしょう）で
ある。日本語で表しなさい。

□ PL法

参考 PL＝Product Liability の略。他に，消費者基本法，
消費者契約（けいやく）法などがある。

㉝ 次の有価証券を発行することで多額の資金
を集め活動している私企業（きぎょう）を何といいます
か。

□ 株式（株）

参考 株式を購入（こうにゅう）した人を株主といい，配当（金）を得た
り，株主総会に出席したりする権利をもつ。

㉜ 次の価格は，需要量と供給量が一致（いっち）したと
きの価格である。これに
対して，国や地方公共団
体が決定・認可（にんか）する価格
を何といいますか。

□ 均衡（きんこう）価格

㉟ 次の法律に属する法律を3つあげなさい。

□ 労働三法

ヒント 労働三権（労働基本権）…団結権・団体交渉（こうしょう）権・団
体行動権（争議権）の3つをさす。

㉞ 次の国の機関は，何という法律に基（もと）づいて
設置されましたか。

□ 公正取引委員会

参考 企業（きぎょう）間の公正で自由な競争の維持（いじ）と消費者の利益
の保護を目的に活動する。

㊲ 次に代表される金融政策を実施するのはどこですか。

□ **公開市場操作**
（オープン-マーケット-オペレーション）

📖 参考　金融市場で国債や手形などの有価証券を売買することで，通貨量を調節すること。

㊱ 次の日本の社会保障制度の 4 つの柱は，日本国憲法第何条に基づいて整備されましたか。

□

社会保険	医療保険　介護保険　年金保険　雇用保険　労災保険
社会福祉	老人福祉　障がい者福祉　児童福祉　母子福祉
公的扶助	生活保護(生活扶助・住宅扶助・教育扶助・医療扶助など)
公衆衛生	感染症対策　上下水道　廃棄物処理　公害対策など

㊴ 次の課税方式が適用される代表的な国税は何ですか。

□ **累進課税**

📖 参考　累進課税は，高所得者と低所得者の税負担を公平にしようとするもの。消費税などの間接税は所得に関係なく，同額の税を負担する。

㊳ 日本が次の貿易を行う場合，円高・円安のどちらのとき有利にはたらきますか。

□ **輸入**

💡 ヒント　例えば，1 ドル＝100 円が 1 ドル＝80 円になった場合を円高という。

㊶ 次の権限をもつ国連の安全保障理事会の常任理事国をすべてあげなさい。

□ **拒否権**

💡 ヒント　重要な議題について，常任理事国の 1 か国でも反対すれば，決議を決定できない。

㊵ 次のものを構成する 3 つの要素をあげなさい。

□ **（国家の）領域**

📖 参考　国家の主権が及ぶ範囲を領域という。国家の主権とは，他国の支配・干渉を受けない権利，他国と対等である権利をいう。

㊸ 次の考え方が示された 1992 年に開かれた国際会議を何といいますか。

□ **持続可能な開発**

💡 ヒント　ブラジルのリオデジャネイロで開かれた，「国連環境開発会議」の別称。

㊷ 次の 3 R を通じて，限りある資源を有効に活用しようとする社会を何といいますか。

□ **リデュース(Reduce・省資源)**
リユース(Reuse・再使用)
リサイクル(Recycle・再資源化)

㊺ 次のアルファベットの略語を日本語で表しなさい。

□ **ODA**

📖 参考　Official Development Assistance の略である。

㊹ 次の文書ののちに 2015 年に採択された，すべての国に CO$_2$ などの削減目標の提出を義務づけた協定を何といいますか。

□ **京都議定書**

💡 ヒント　フランスの首都で採択され，アメリカ合衆国や中国などにも削減目標の提出が義務づけられている。

㊼ 次の略称を日本語で何といいますか。

□ **ＳＤＧｓ**（エスディージーズ）

📖 参考　1 貧困をなくそう，2 飢餓をゼロになど 17 の目標と 169 のターゲットからなる。

㊻ 次は，アルファベットによる組織の略称である。日本語で表しなさい。

□ Ⓐ **NGO**　Ⓑ **NPO**

💡 ヒント　Ⓐ人権，環境，平和などの公益的活動を行う民間組織。国際的な活動を行う。Ⓑ市民のボランティアを主体とする営利を目的としない民間団体。

（切り取り線）

㊱ 日本国憲法の次の条文に基づく日本の社会保障制度の4つの基本柱をあげなさい。

□ **第 25 条**

第 25 条②…国は、すべての生活部面について、社会福祉、社会保障及び公衆衛生の向上及び増進に努めなければならない。

㊲ 次の銀行が実施する金融政策の中で、国債などを売買する政策を何といいますか。

□ **日本銀行**

金融政策とは、景気の回復や物価を安定させることを目的に、日本銀行が通貨量を調整すること。

㊳ 次の例のように、円高は、日本の輸出・輸入のどちらに有利にはたらきますか。

□ **円高** (例)1 ドル＝100 円が 1 ドル＝80 円に変動

上の例で日本が輸入すると、400 ドル＝4 万円の外国の商品が 400 ドル＝3 万 2 千円となる。

㊴ 次の税に適用される、高所得者ほど税率が高くなる課税方式を何といいますか。

□ **所得税**

〈所得税の税率〉

課税所得金額	税率
195万円以下	5%
195万円超	10
330万円超	20
695万円超	23
900万円超	33
1800万円超	40
4000万円超	45

税率は異なるが、相続税にもこの方式が適用される。

㊵ 次の3つをまとめて何といいますか。

領土
□ **領海**
領空

㊶ 次の5か国は、国連の安全保障理事会の常任理事国である。常任理事国に与えられている特別な権限を何といいますか。

□ **アメリカ合衆国・中国・ロシア・イギリス・フランス**

㊷ 次の社会を形成していくために求められている3Rとは何ですか。

□ **循環型社会**

省資源、再使用、再資源化の頭文字をさす。2000年には、循環型社会形成推進基本法が制定。

㊸ 1992 年に開かれた次の会議で提案された基本理念を何といいますか。

□ **地球サミット（国連環境開発会議）**

人類が現在の生活の質を落とさず、将来にわたりより質の高い生活ができるようにする社会。

㊹ 次の協定より前に、地球温暖化防止京都会議で採択された、温室効果ガスの排出量を削減することを定めた文書は何ですか。

□ **パリ協定**

京都で採択された文書では、排出削減義務は先進国のみにあり、発展途上国にはなかった。

㊺ 次の略語をアルファベットで答えなさい。

□ **政府開発援助**

政府開発援助とは、先進国が発展途上国の経済や福祉の増進のために、技術の協力や資金の援助を行うこと。

㊻ 次の組織の略称をアルファベットで答えなさい。

□ Ⓐ **非政府組織**
Ⓑ **非営利組織**

Ⓐ Non Governmental Organization
Ⓑ Non Profit Organization

㊼ 2015 年に国際連合が採択した、2030 年までの達成を目ざした次の 17 の目標をアルファベットで何といいますか。

□ **持続可能な開発目標**

Sustainable Development Goals の略である。

高校入試 15時間完成 解答・解説 （公民）

1時間目 現代社会と文化

解答 (pp.4〜5)

1
(1) グローバル化
(2) A—イ　B—ア　C—ウ　D—オ
(3) ウ
(4)① 例 個人情報が流出し、犯罪などに巻き込まれる可能性があること。
② 例 消費者の好みをデータで分析し、売れそうな新商品を開発する。
③ 情報リテラシー　④ 情報モラル

2
(1) イ　(2) ウ→イ→ア
(3) 例 少数の意見もできるだけ尊重するようにする。
(4) 例 レジに空きがなく、無駄がなくなり効率的となり、先に並んだ客から順に支払いができるので公正である点。（49字）

🖊 **記述問題にチャレンジ** 例 高齢者の介護や医療の問題が生じたり、労働者が減ったり、子ども関連をはじめ、日本の産業全体が衰えたりする。

解説

1
(2) **グローバル化**が進んだ結果、**国際競争**が激しくなり、自国が競争力に勝てそうなものは生産して輸出し、勝てる見込みのないものは輸入するという**国際分業**が行われている。そのため、自国第一ではなく、世界各国と協力する**国際協力**が求められている。

(3) 5位のブラジルは日系人が多く、日本との交流関係が深いことから労働者としての来日が多い。

(4)① 個人情報には、住所や氏名のみでなく、クレジットカードの暗証番号なども含まれるため、情報が流出すると被害が大きくなる。② 大量の情報を**ビッグデータ**といい、データの分析をもとに新たな情報提供や商品開発などに利用されている。③ リテラシーとは、「能力」という意味であり、**情報リテラシー**とは、多くの情報の中から、自ら取捨選択し、判断する能力のことである。④ モラルとは、「道徳」という意味であり、**情報モラル**とは、情報を「人」として正しく利用しようとする姿勢のことである。

⚠ **ここに注意** (4) 情報化による長所や短所、情報リテラシー、情報モラルなどを区別して理解する。

2
(1) **ア**の総人口が減少すると1世帯あたり人員は減るが、全世帯数の増減に直接は関係しない。**ウ**は核家族世帯を示すので誤りである。**エ**は大家族（三世代家族）の世帯数が増えると、**資料Ⅰ**に反するので誤りである。**イ**の単独（一人）世帯は、核家族世帯から子どもが独立したり、夫婦二人の核家族世帯から一方の配偶者の死亡により単独世帯となったものや、最初からの単独世帯がある。

(3) 民主主義の原理により、多数決で物事を決定することが多いが、「多数決での決定」が必ずしも正しいとは限らないことに注意する。

(4) 図Ⅰでは、レジの空きが生じ、無駄が発生する。ほかのレジの後方の客は、なかなか支払いができないが、あとからレジへやってきた客は空いたレジへ向かい、待ち時間なしで支払いを済ませてしまうため、不公平である。

🖊 **記述問題にチャレンジ** 医療技術の進歩により**死亡率が低下**する一方、**出生率が低下**したため、高齢化と少子化が同時に進む少子高齢化となっている。先進国でこの傾向が多く見られ、さまざまな対策が考えられている。

📖 入試攻略 Points

対策 ❶ 国際化社会の特色は、ヒト・モノ・カネの国境を越えた地球規模での一体化である**グローバル化**であり、**国際分業**が進むとともに、**多文化共生社会**の実現が求められている。そのためには、異文化を尊重し共存しようとする態度（**異文化理解**）が不可欠である。

情報社会では、コンピューターの発展によって、大量の情報（**ビッグデータ**）を**人工知能（AI）**が判断し、さまざまな分野に活用されている。インターネットの急速な普及により、あらゆるものがインターネットにつながる**IoT**（Internet of Things）の世の中であり、**SNS**（Social Networking Service）などの**ソーシャルメディア**（インターネットで情報を双方向で送受信するもの）を利用することができる。しかし、情報化が進んだ結果、個人や企業、政府のもつ情報の漏洩が見られ、情報をいかに保護するかが課題となっている。

❷ 少子高齢化とは、**合計特殊出生率**（一人の女性

➡ ひっぱると、はずして使えます。

1

が生涯に出産する子どもの平均人数)の低下による少子化と，医療技術の進歩による死亡率の低下による高齢化がともに進んでいる状況である。さらに少子高齢化が進むと，年金や医療費などの社会保障費が増え，生産年齢人口(15〜64歳)の負担がいっそう重くなると予想されている。負担増加への対応と社会保障の充実をどう両立させていくかが，大きな課題となっている。

▲国民の年金負担

家族形態は，次のような変化を見せている。

年度	核家族世帯			その他の世帯	単独世帯
1980年 3582万世帯	核家族世帯60.2%				単独世帯19.8	20.0
	12.4	夫婦と子42.1			
2000年 4678万世帯	58.4%			27.6	14.0
	18.9	31.9	7.6		
2010年 5184万世帯	56.4%			32.4	11.2
	19.8	27.9	8.7		
2020年 5571万世帯	54.0%			38.0	8.0
	20.0	25.0	9.0		

夫婦のみ ／ 1人親と子5.7

(2022/23年版「日本国勢図会」など)

▲家族類型別世帯数の推移

❸日本のおもな年中行事

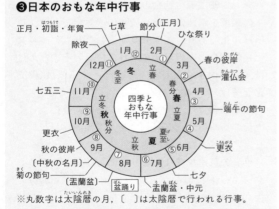

※丸数字は太陰暦の月，〔 〕は太陰暦で行われる行事。

人間は，**社会集団**の中で生きていかなくてはならないため，何らかの原因で**対立**が生じることがあるが，解決策を講じて**合意**を目ざすことは可能である。その合意形成の際には，無駄を省くという**効率**と，一人一人が不当に扱われないという**公正**の観点が必要である。

解答(pp.6〜7)

1 (1)A—ロック　B—ルソー
　　　C—世界人権宣言
(2)例 **国民や代表者が制定した法**
(3)**中江兆民**
(4)① a・名誉革命　② c・ドイツ
　　③ b・欽定　④ d・国権
2 (1)A—大日本帝国
　　B—1946年11月3日
　　C—1947年5月3日
　　D—最高法規　E—基本的人権
　　F—普通教育　G—不断
　　H—公共の福祉
(2)①例**日本国の象徴であり，日本国民統合の象徴である。**　②ウ
(3)a—総　b—3分の2　c—発議
　　d—過半数　e—天皇　f—公布

📝記述問題にチャレンジ 例**政治のあり方を最終的に決める力が国民にあるということ。**

解説

1 (1)**A．ロック**はイギリスの思想家。**B．ルソー**はフランスの思想家。
(3)中江兆民は，『社会契約論』を和訳して『**民約訳解**』として刊行した。自由民権運動にも影響を与えた。
(4)①ロックは，人民主権の立場から，『**統治二論**』で，政府が人民の権利を侵した場合，人民は政府をかえられると主張し，名誉革命を正当化した。②社会権は20世紀的人権といわれる。第一次世界大戦後の1919年，ドイツ(ワイマール)共和国の憲法として制定されたのが**ワイマール憲法**である。当時この憲法は世界で最も民主的な憲法といわれたが，1933年にナチスが政権を握ると，事実上廃止された。③君主(天皇)によって制定された憲法を**欽定憲法**といい，国民によって制定された憲法を民定憲法という。日本国憲法は**民定憲法**である。④「国権の発動たる戦争」とは，宣戦布告により開始される戦争のこと。また，国際法上の戦争のこと。

⚠️ここに注意 (1)**C．**1948年に国際連合で採択された世界人権宣言には法的拘束力がなかったため，1966年に条約化した国際人権規約が採択された。

2 (1)**A．**大日本帝国憲法は**欽定憲法**で，主権は天皇にあり，国民の権利は法律の範囲内に限定された。

D．日本国憲法は国の最高法規として位置づけられている（憲法第98条）。E．基本的人権とは「人が生まれながらにもっている人権」を意味している。F．普通教育を一般的に義務教育と呼ぶことがある。G．不断の努力とは，絶え間ない努力のこと。H．「公共の福祉」とは社会全体の幸福・利益という意味である。

(2)①天皇の象徴性は，国民主権の表れである。

②天皇は「象徴」であって，政治上の権能はもっていない。そのため，内閣の助言と承認のもとに形式的・儀礼的な行為のみを行う。これを天皇の**国事行為**という。**ア**．条約の締結は内閣の仕事である。**イ**．内閣総理大臣の指名は国会の仕事である。**エ**．国務大臣の任命は内閣総理大臣の仕事である。

(3)日本国憲法は，「国の最高法規」として定められているため，憲法の改正は，通常の法律の改正よりも厳格な手続きがふまれている。**国民投票法**が制定され，投票権は，満18歳以上の日本国民が有する。

> ⚠️**ここに注意** (1)F．子どもは「**教育を受ける権利**」をもち，その保護者が「**子どもに普通教育を受けさせる義務**」を負うことをおさえておく。
> (2)②天皇の国事行為として，日本国憲法第7条で，憲法改正・法律・政令及び条約の公布，国会の召集，衆議院の解散，総選挙の公示，栄典の授与などが定められている。

✏️**記述問題にチャレンジ** 国民主権とは，国民が主権者として政治のあり方を最終的に決める権利をもっていることを意味している。間接民主制の下では，主権者によって選ばれた国会議員によって構成される国会に決定権がある。

📖 入試攻略 Points

対策 ❶市民革命の流れとして，ピューリタン革命（清教徒革命）→名誉革命・権利（の）章典→アメリカ独立戦争・独立宣言→フランス革命・人権宣言→ドイツ・ワイマール憲法を一連のものとしておさえておく。

市民革命に影響を与えた啓蒙思想として，以下の人物を整理しておさえておく。

• ロック＝『**統治二論**』＝**基本的人権・抵抗権**を主張＝名誉革命を理論的に支持，アメリカ独立戦争やフランス革命に影響を与えた。

• ルソー＝『**社会契約論**』＝基本的人権・人民主権（国民主権）を主張＝フランス王政を批判し，**フランス革命**に影響を与えた。

• モンテスキュー＝『**法の精神**』＝三権分立（立法・司法・行政）を主張＝イギリス立憲政治を支持し，**アメリカ合衆国憲法**に影響を与えた。

❷日本国憲法の**三大原則**＝「国民主権・基本的人権の尊重・平和主義」，国民の**三大義務**＝「納税の義務・勤労の義務・子どもに普通教育を受けさせる義務」，**憲法改正**＝衆議院・参議院の**各議院の総議員**の3分の2以上の賛成で，**国会が発議し，国民投票**を行い，**過半数の賛成**が必要である。

3 時間目　基本的人権の尊重

解答 (pp.8〜9)

1 (1)A—自由　B—法　C—平等
　　D—勤労　E—宗教
　　F—公共の福祉　G—職業選択
　　H—表現　I—健康
　　J—文化的　K—最低限度
　　L—能力

(2)X—エ・ク　Y—カ　Z—ア・オ

(3)生存権

(4)カ

(5)①バリアフリー
　②a—男女雇用機会均等法
　　b—男女共同参画社会基本法

(6)①ク
　②c—日照権
　　d—例建物を上に行くほど狭くして，周りの建物の日当たりを妨げないようにしている。
　③例自分の個人情報や，他人のプライバシーを侵害するようなことは書き込まない。

✏️**記述問題にチャレンジ** 例患者が治療を受ける際に，治療方法などについて，医師から十分な説明や情報を得て同意がなされること。

解説

1 (1)特に以下の日本国憲法の条文を確認しておく。
11条・12条・13条・14条・18条・19条・20条・21条・22条・23条・24条・25条・26条・27条・28条・29条・30条・31条。

(2)**イ**は平等権，**キ・コ**は人権を守るための権利，**ウ・ケ・サ**は社会権。

(3)社会権に含まれるものは確実におさえておく。なお，**労働基本権（労働三権）**とは団結権，団体交渉権，団体行動権（争議権）である。これらの権利を保障するための**労働三法**（労働組合法，労働関係調整法，労働基準

法）も重要である。

(4)薬事法の薬局開設にともなう距離指定は，**カ**の職業選択の自由に反するものとされた。

(5)①障壁「バリア」を取り除く「フリー」ことである。なお，障がい者や高齢者など，だれもが同じように社会生活が送れるような社会形成を目ざす**ノーマライゼーション**の考えのもと，だれにとっても使いやすいようにデザインされた**ユニバーサルデザイン**の製品も多く見られる。②男女雇用機会均等法は，1979年に国際連合が**女子差別撤廃条約**を採択したことを受けて制定された。

(6)①「**知る権利**」は，**国民主権**と**ク**の「**表現の自由**」がその基盤となっている。③インターネットへ書き込むことは「表現の自由」であるが，「表現の自由」と「プライバシーの権利」とは，しばしば対立する。

> **⚠️ここに注意** 日本国憲法が規定する**基本的人権**には，基本的人権の基盤となっている「**平等権**」，人間として最も基本的な権利としての「**自由権**」，人間らしい生活を営む権利としての「**社会権**」，人権を守るための権利としての「**参政権・請求権・請願権**」があることをおさえておく。
>
> 「平等権」に関しては，明治時代から1997年まで続いた北海道旧土人保護法を廃止して制定された**アイヌ文化振興法**，アイヌ民族を日本の先住民として法的に位置づけ，差別撤廃を目ざした2019年の**アイヌ民族支援法**（この制定によりアイヌ文化振興法は廃止）も重要である。また，差別的なスピーチである**ヘイトスピーチ**，さまざまな性意識である**LGBT（LGBTQ）**，差別されている人々に特別な機会を設けて平等を図ろうとする**ポジティブ-アクション（アファーマティブ-アクション）**なども確認しておく。
>
> 「**自由権**」には「**身体の自由**」，「**精神の自由**」，「**経済活動の自由**」があり，「**社会権**」には「**生存権**」，「**教育を受ける権利**」，「**勤労の権利**」，「**労働基本権**」がある。
>
> **三大義務**と権利の関係について，「**子どもに普通教育を受けさせる義務**」と「**教育を受ける権利**」，「**勤労の義務**」と「**勤労の権利**」，「**納税の義務**」と「**参政権**」を一対のものとしておさえておく。

✎記述問題にチャレンジ インフォームドコンセントとは，新しい人権としての「**自己決定権**」の広がりとともに，患者が自分自身の意思に基づき治療方法・医療行為を選択（自己決定）できるようにするため，医師から十分な説明や情報を受けたうえで同意することを意味している。

📖入試攻略Points

対策 ❶基本的人権の本質・濫用の禁止については，以下のように整理しておさえておく。

- **基本的人権の本質**（第97条）＝基本的人権は，人類の多年にわたる**自由獲得の努力の成果**であり，過去幾多の試練に堪え，現在及び将来の国民に対して，**侵すことのできない永久の権利**として信託されたものである。
- **基本的人権の享有**（第11条）＝国民は，すべての基本的人権の享有（生まれながらにもっていること）を妨げられない。
- **基本的人権の濫用の禁止**（第12条）＝国民は基本的人権を**濫用**（みだりに使うこと）してはならず，常に**公共の福祉**のためにこれを利用する責任を負う。

❷新しい人権とは，憲法の条文には明示されてはいないが，社会の急激な変化や，人々の人権意識の高まりなどによって主張されるようになった人権のこと。新しい人権については，以下のように整理しておさえておく。

- **環境権**＝快適な環境で生活する権利で，**幸福追求権**と**生存権**が基盤となっている。⇒**環境基本法**の制定。
- **プライバシーの権利**＝個人の秘密を他人に知られないようにする権利で，**通信の秘密**が基盤となっている。⇒**個人情報保護法**の制定。
- **知る権利**＝政府などがもっている情報を国民が知る権利で，**国民主権**と**表現の自由**が基盤となっている。⇒**情報公開法**の制定。
- **自己決定権**＝自分の生き方や生活，死について自分の意思で決定できる権利で，**幸福追求権**が基盤となっている。⇒**インフォームド-コンセント**の必要性。

---

4 時間目　民主政治と政治参加

解答（pp.10〜11）

1 (1)間接民主制　(2)公職選挙法
(3)例 1945年は20歳以上の男女に選挙権があったが，2015年に18歳以上の男女に選挙権の年齢が引き下げられたから。
(4)イ　(5)X─30　Y─25
(6)① 4
② A党─3　B党─2　C党─1

(7)例 **死票**が多くなり，少数の意見が反映されにくい。

2 (1)a―**5** b―**低く** c―**法の下の平等**

(2)例 有権者数は増えているが，投票者数が減っているため，国民の意思が政治に反映されにくくなっている

✏️記述問題にチャレンジ 例 選挙に関心をもってもらうため，テレビだけでなくインターネットを利用して，政策などを若い世代に伝えるようにする。

解　説

1 (1)人々が直接話し合い，政治を行う**直接民主制**に対して，代表者を選ぶ政治形式を**間接民主制**または**議会制民主主義**という。

(3)有権者の条件は，1889年は直接国税15円以上を納める満25歳以上の男子，1900年は納税額が10円以上，1919年は3円以上という**制限選挙**であった。1925年に納税額の制限がなくなり，満25歳以上の男子による普通選挙となった。1945年，満20歳以上の男女に選挙権が与えられ，女性も普通選挙となった。

(4)選挙の四原則とは次のものである。

• **直接選挙**…議員を有権者が直接投票し，選出する。
• **秘密選挙**…無記名で投票する。
• **平等選挙**…1人が1票をもつ。
• **普通選挙**…一定の年齢に達したすべての国民に選挙権を認める。選挙権が，性別・身分・財産などによって制限されているものが制限選挙である。

(6)① A党の立候補者は1区，2区，4区，6区の4つの選挙区で最も得票数が多い。②比例代表制では，**ドント式**により以下のように議席が配分される。

	A党	B党	C党
総得票数	300	200	100
÷1	300①	200②	100④
÷2	150③	100②	50
÷3	100④	66.7	33.3
当選者	3	2	1

※①～④は当選順位。

(7)**死票**とは，落選者に入れられた表であり，(6)の**資料3**の5区や6区の場合では，落選者に入れられた死票の方が当選者の票数を上回っている。

⚠️ここに注意 (6)②ドント式で計算するとき，÷1，÷2は間違わないが，÷3を「総得票数」でなく，直前の「÷2の数値」を割ってしまうことがあるので注意する。

2 (1)下の表のように有権者数を定数で割り，議員1人あたりの有権者数を求める。A県で当選するには，議員1人あたりの有権者数の最も少ないD県の5倍(1200÷240＝5)の有権者を必要とする。この結果，A県の一票は，D県の一票の5分の1しか価値がない，ということとなる。なお，**一票の価値**が広がりすぎると憲法の定める**法の下の平等**に反し，違憲や違憲状態(違憲とはいえないが，それに近い状態)となる。

	有権者数(千人)	定数	議員1人あたりの有権者数(千人)
A県	7200	6	1200
B県	6600	6	1100
C県	4000	4	1000
D県	480	2	240
E県	600	2	300
F県	640	2	320

⚠️ここに注意 (1)地方の選挙区の方が有権者数が少ないが，議員数が一定数確保されているため，一票の価値は高いことになる。

✏️記述問題にチャレンジ 18～29歳は，テレビに次いでインターネットでの情報入手が多いことが分かるので，それを利用することを考えるべきである。なお，現在は，立候補者のインターネットでの選挙活動は認められているが，投票は実施されていない。

📖入試攻略Points

対策 ❶選挙制度の特色を以下のように整理し，おさえておく。

小選挙区制…1つの選挙区から1名を選出する。
• 長所…政局が安定し，**二大政党制**になりやすい。
• 短所…**死票**が多くなり，少数意見が反映されにくい。

大選挙区制…1つの選挙区から**2名以上**を選出する。• 長所…さまざまな意見をとり入れることができ，死票が少なくなる。• 短所…小党が分立し，政局が不安定になる。

比例代表制…各政党の得票数に応じて議席を配分する。• 長所…死票が少なく，国民のさまざまな意見を反映しやすい。• 短所…小党が分立しやすく，政局が不安定になる。

❷衆議院議員は**小選挙区比例代表並立制**で選挙が行われ，小選挙区と比例代表区の重複立候補が認められている。そのため，小選挙区で当選した候補者は，選挙管理委員会へ提出した名簿から名前が削除され，残りの人から当選者が選ばれることになる。

例

X党の名簿	
1位	Aさん
2位	Bさん
3位	Cさん
4位	Dさん，Eさん

※Aさんは小選挙区で当選，B〜Eさんは小選挙区で落選した場合。

全員が重複立候補しており，Aさんは小選挙区で当選すると，この名簿から名前が消える。X党の比例代表での獲得票の結果，3議席が得られるとすると，2位のBさん，3位のCさんは順位が上位のため当選する。DさんとEさんは，小選挙区での惜敗率（各選挙区で当選者に対しての獲得票の割合）が高い方が当選する。Dさんが，小選挙区の当選者獲得票10000票に対して自身の獲得票が5000票であれば惜敗率は50%，Eさんが，小選挙区の当選者獲得票10000票に対して自身の獲得票が8000票であれば惜敗率は80%となり，Eさんの方が惜敗率が高いので当選することになる。

❸政党は政治について同じような考えをもち，政権獲得を目ざす団体である。選挙では政権公約（マニフェスト）をテレビなどのマスメディアを使って示し，有権者に政策を訴える。有権者は，マスメディアの伝える情報を正しく判断し，活用する能力（情報リテラシー）が求められる。政権を担当する政党を与党といい，政府を監視し政策を批判する政党を野党という。なお，政府などに働きかけ，自らの目的や利益を実現させようとする利益団体（圧力団体）がある。

5 時間目　国民主権と国会

解答（pp.12〜13）

1 (1)X—議会　Y—国権　Z—立法
(2)例国の政治の最終決定権を国民がもつこと。
(3)A—イ　B—ウ　C—ア　D—エ
(4)エ→289，オ→176
(5)ア
(6)例議案を慎重に審議し，互いに他の院の行き過ぎをおさえるため。
(7)①衆議院の優越　②ア・ウ
2 (1)P—常会（通常国会）　Q—特別会（特別国会）　R—臨時会（臨時国会）
(2)①A—内閣　B—天皇　②イ　③ア

④エ

✎記述問題にチャレンジ　例衆議院は参議院に比べて任期が短く，解散もあるため，国民の意思がより強く反映されると考えられるから。

解説

1 (1)X．間接民主制ともいう。
(2)大日本帝国憲法のもとでは，主権は天皇にあった。
(3)A〜Dは，国民がもつ参政権を示している。
(5)アは，憲法違反や職務を怠るなどした裁判官に対して，その処分を判定する裁判であり，国会議員が裁判員となり，国会に設置される。イ・ウは内閣，エは裁判所の仕事である。国会の仕事には，次のようなものがある。

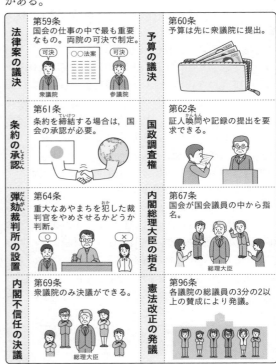

▲国会の仕事

(6)参議院は，衆議院と比べて任期が長く解散もないため，より慎重な審議ができるとされ，その利点をいかすために二院制が採用されている。そのため，参議院のことを「良識の府」と呼ぶ。
(7)②イの国政調査権は，衆議院・参議院とも個別の権限として行使される。エの憲法改正の発議は，各議院とも総議員の3分の2以上の賛成が必要であり，衆議院の優越は認められていない。

2 (1)P．1月に開催され，予算案が審議されているため常会となる。Q．衆議院解散による総選挙後の国会で内閣総理大臣が指名されているため特別会となる。R．1月開催でないため臨時会となる。

⑵②**イ**の**公聴会**は，予算の審議時には必ず，法律案の審議過程では必要に応じて開かれる，有識者や利害関係者，一般の人々の意見を聴取する会合のことである。③**イ**の条約の承認，**ウ**の内閣総理大臣の指名と**エ**の憲法改正の発議は，衆議院・参議院のどちらが先に行ってもよい。④**ア**. 議長が話し合うのではなく両院協議会が開かれる。**イ**. 両院協議会で意見が一致しなくても，衆議院で再議決されれば法律は成立する。**ウ**. 継続審議とはならない。

> **⚠ここに注意** ⑵法律案の成立過程を整理しておさえておく。両院で議決が一致しないときは必要に応じて両院協議会が開かれ，それでも意見が一致しないときは，衆議院で出席議員の3分の2以上の多数で再び可決すれば，法律は成立する。

📖記述問題にチャレンジ 日本の国会は衆議院・参議院の二院制を採用している。これは，民意を問う機会を多くし，慎重に審議ができるという長所をもつ一方，両院の議決が異なると審議が滞ってしまうという短所を合わせもつ。両院の立場が対等だと短所が現れる可能性が高くなり，国会の運営に支障をきたすおそれがある。そこで，任期が短く解散もある衆議院が，より強く国民の意思を反映していると考えられ，いくつかの点で参議院に対して優越を認めている。

📖入試攻略Points

対策 **❶衆議院と参議院の違い**

	衆議院議員	参議院議員
議員定数	465	248
被選挙権	満25歳以上	満30歳以上
選挙区	小選挙区(289名) 比例代表(176名) **小選挙区比例代表 並立制**	※選挙区(148名) 比例代表(100名) **大選挙区制と** 比例代表制
任期	4年	6年(3年ごとに半数改選)
解散	あり	なし

※島根県と鳥取県，徳島県と高知県は合区となり，45選挙区となっている。

❷国会の種類とおもな議題

種類	おもな議題	召集と会期
常会 (通常国会)	**予算の審議**	毎年1回1月に召集 会期150日間
臨時会 (臨時国会)	補正予算の審議や緊急の議題	内閣または，いずれかの議院の総議員の4分の1以上の要求があったとき
特別会 (特別国会)	**内閣総理大臣の指名**	衆議院の**解散**，総選挙後の30日以内
参議院の緊急集会	緊急に必要な議題	衆議院の解散中に緊急の必要がある場合

❸衆議院の優越

事項	内容	結果
予算の先議	予算は衆議院が先に審議する	
予算の議決 条約の承認 内閣総理大臣の指名	参議院が衆議院と異なった議決をした場合→両院協議会でも意見が一致しないとき	衆議院の議決が国会の議決となる
	参議院が衆議院の可決した議案を受け取った後30日以内(内閣総理大臣の指名については衆議院の議決の後10日以内)に議決しないとき	
法律案の議決	参議院が衆議院と異なった議決をするか，衆議院の可決した法律案を受け取った後60日以内に議決しない場合→衆議院が出席議員の3分の2以上の多数で再可決したとき	法律となる
内閣不信任の決議	内閣不信任の決議は衆議院のみで行うことができる	

6 時間目 行政のはたらきと内閣

解答（pp.14〜15）

1 (1)A—行政　B—衆議院
(2)①ア・エ　②閣議　③政令
(3)①例**国民**に選ばれた議員により，**国会**で指名される。
　②X—過半数
　　Y—国会議員
　　Z—文民
(4)例**10日以内**に衆議院を解散するか総辞職しなければならない。
(5)(解散)→エ→ア→ウ→オ→イ

2 (1)A—オ　B—イ　C—カ　D—ウ
(2)議院内閣制
(3)例**内閣**が国会の**信任**のもとに成立し，国会に対して連帯して**責任**を負うしくみ。

3 (1)全体の奉仕者
(2)①国土交通省　②財務省
(3)規制緩和
(4)大統領

📖記述問題にチャレンジ 例政府の役割を安全保障などの最小限にとどめる政府のこと。

解説

1 (2)①**イ・ウ・カ**は国会の仕事，**オ**は天皇の国事行為の１つ。なお，内閣は**最高裁判所長官を指名する**。②閣議の意思決定は，全会一致(全員一致)で行われる。③**政令**とは，内閣が定める命令であり，憲法や法律で決められたことを実施するために制定される。(3)①内閣総理大臣は衆議院，参議院でそれぞれ国会議員の中から指名され，**両院協議会**でも意見が一致しない場合は，衆議院の議決が国会の議決となる(**衆議院の優越**)。②**Ｚ．文民**とは，職業軍人の経験のない人のことである。なお，文民が軍隊を指揮・統制することを**文民統制(シビリアンコントロール)**という。(5)衆議院が解散されると，解散の日から40日以内に**総選挙**が行われ，総選挙の日から30日以内に**特別会**が召集される。そこで内閣は総辞職し，新しい**内閣総理大臣**が指名される。新しい内閣総理大臣は国務大臣を任命し，新内閣が成立する。

> **！ここに注意** (4)内閣不信任案が可決された後の，内閣の動きを理解しておくことが重要。

2 (2)(3)内閣が行政権の行使について，国会の信任のもとに行い，国会の信任を失った場合は，国会に対して連帯して(内閣全員が共同で)責任を負うしくみを**議院内閣制**という。

> **！ここに注意** (2)(3)議院内閣制の語句の記述，及び説明を求める出題が多いので，理解しておく。

3 (3)一定の資格をもった人がいれば，コンビニエンスストアでも薬を販売することができるようになったが，これも**規制緩和**の一例である。(4)アメリカ合衆国の行政と立法の関係は，大統領制である。大統領は，満18歳以上の有権者が選んだ大統領選挙人による選挙で選ばれ(**間接選挙**)，任期は1期4年，2期連続で8年までである。日本の国会にあたる連邦議会議員の選挙も満18歳以上の有権者により選出されるが，大統領や大統領が任命する各省の長官は，議会に議席をもたず，大統領は議会を解散することはできない。

> **！ここに注意** (2)内閣の省庁とそのはたらきを理解し，確認しておく。

✎記述問題にチャレンジ 「**大きな政府**」では，財政規模が大きくなるだけでなく，行政機関が担う仕事が拡大し，許認可の**縦割り行政**が進むことにもつながり，行政が複雑化する(**行政の肥大化**)。これは，国政に大きな影響を与えるとともに，国民の税金負担が増加し，民間の自由な経済活動に支障をきたすこともあるため，規制緩和するとともに，民間にできることは民間に委託

するという「**小さな政府**」を目ざす考え方が生まれた。「小さな政府」では，税金が安くなるという長所があるが，社会保障や福祉の面で国民の自己責任が大きくなるという短所がある。

📖 入試攻略Points

対策 ❶内閣のおもな仕事としては，天皇の国事行為に対する**助言と承認**，**最高裁判所長官の指名**，最高裁判所長官以外の最高裁判所裁判官や下級裁判所の裁判官の任命，**条約の締結**，政令の制定，**予算の作成**，法律案の作成，外交関係の処理，一般行政事務，法律の執行などをあげることができる。

❷**内閣の不信任決議**が可決された場合は，10日以内に内閣は**総辞職**するか，**衆議院を解散**するか決定する。

内閣が**総辞職**したときは，**臨時会**が開かれ，内閣総理大臣が指名される。衆議院が**解散**された場合は，40日以内に総選挙が行われ，総選挙後30日以内に**特別会**が開かれ内閣総理大臣が指名される。いずれの場合も内閣総理大臣は，国会が国会議員の中から指名する。

❸中央省庁に権限が集中し，国の行政組織の肥大化にともない，行政組織の**簡素化**や**効率化**が必要になってきたため，**行政改革**が行われた。行政改革の一環として，**民営化や地方分権**，**規制緩和**，行政組織の改編が進められた。

---

7 時間目 裁判所，三権分立

解答 (pp.16〜17)

1 (1)高等裁判所
(2)例**最高裁判所が違憲立法審査の最終判断をするため。**
(3)例**裁判を慎重に行い，国民の人権を守るために三審制がとり入れられている。**
(4)**ウ**
(5)①**令状** ②**再審** ③**ア**
(6)A―**良心** B―**憲法** C―**法律**
(7)**えん罪**

2 (1)モンテスキュー
(2)① P―**国会** Q―**内閣** R―**裁判所**
②**イ** ③**国民審査** ④**イ**

✎記述問題にチャレンジ 例**権力の集中を防ぎ，国民の人権を守るため。**

1 (1)最高裁判所は東京に1か所，高等裁判所は全国に8か所，地方裁判所は都府県に1か所ずつ，北海道には4か所ある。

(2)**違憲立法審査権**（**違憲審査権・法令審査権**）は下級裁判所にもあるが，最高裁判所が最終的な決定権をもつ。

(3)裁判での審理を慎重に行い，誤りを防ぐために，同じ事件について原則として3回まで裁判を受けることができる権利が国民に保障されている。これを**三審制**という。

(4)**裁判員制度**は，地方裁判所で行われる**刑事裁判**の第一審でのみ行われる。裁判員が裁判官とともに話し合いをして被告人が有罪か無罪か，有罪の場合は刑罰の種類などを決定する。原則として裁判員6人と裁判官3人が1つの事件を担当する。

(5)①人権を保障するために，逮捕や捜索には裁判官・裁判所が発行する**令状**（逮捕令状・捜索令状）が必要であり，令状がなければ逮捕や勾留はできない。これを**令状主義**という。ただし，現行犯の逮捕は例外である。
②**再審**とは，確定した判決について，一定の要件を満たす重大な理由がある場合に再審理を行うことをいう。
③だれでも裁判を受ける権利が保障されている。また，裁判は公開が原則である。さらに，被告人には，私費，または国費で弁護人を頼む権利が保障されている。

(6)憲法第76条では，**司法権の独立**を確保するため，**裁判官の独立**を規定し，裁判官の独立を確保するために，第78条で**裁判官の身分の保障**が定められている。

> **！ここに注意** (4)刑事裁判と民事裁判のしくみの違いを整理して，おさえておく。
> 　**刑事裁判**は，刑法上の犯罪を裁くためのもので，有罪・無罪の判決が出される。**検察官**が裁判所に**起訴**することで裁判は始まる。起訴された人を**被告人**と呼ぶ。被告人には弁護人を選定する権利が与えられている。
> 　**民事裁判**は，個人間の争いを解決するために行われ，権利・義務にかかわる判決が出される。訴えた人を**原告**，訴えられた人を**被告**という。

2 (2)②**ア**の**弾劾裁判**は**国会**の権限である。**弾劾裁判所**は衆議院・参議院から7人ずつ選出された合計14人の裁判員で構成される。**ウ**の**国政調査**（権）は国の政治がどのように行われているかを調べる権限。衆参両院に認められている。**エ**の行政権は内閣に属する。
③**国民審査**は参政権の1つで，最高裁判所裁判官が適任かどうかを投票によって審査する制度である。最高裁判所裁判官となってから初めて行われる衆議院議員総選挙のときと，その後10年を経てから最初に行わ

れる総選挙の際に行われる。不適任とする裁判官の氏名の上の空欄に×印をつけて投票し，過半数が不適任とすると罷免される。④**ア**．内閣総理大臣が国務大臣を任命する。国会は国務大臣を指名しない。**ウ**．司法権の独立を侵すことになるため，内閣が最高裁判所の判決が適切かどうか審査することはない。**エ**．国会には最高裁判所長官を任命する権限はない。内閣の指名に基づき最高裁判所長官を天皇が任命する。

> **！ここに注意** (2)**三権分立のしくみ**は入試でよく出題される。三権分立の図の矢印→が示す内容を適切に把握しておく必要がある。

> **✐記述問題にチャレンジ** 国家権力が特定の機関に集中すると濫用されやすく，国民の自由や権利が侵されやすい。そのため国家権力を3つに分け，相互に監視し合い，抑制と均衡関係を保つことで，国民の自由や権利を守ろうとする考えが三権分立である。

📖 入試攻略 Points

対策 ❶裁判の公正を期するために，国の他の機関から干渉を受けないことを**司法権の独立**という。司法権の独立を保つために，**裁判官の独立**（憲法および法律にのみ拘束される）や**裁判官の身分保障**が憲法で定められている。裁判官は，**定年**（最高裁判所と簡易裁判所の裁判官は70歳，その他の裁判所の裁判官は65歳）または**任期の終了及び心身の故障**で職務が行えないと裁判で判断された場合を除き，また**弾劾裁判**で罷免宣告をされない限り罷免できないことになっていることをおさえる。ただし，最高裁判所の裁判官は**国民審査**の結果，過半数が不適任とすると罷免される。

❷裁判を慎重に行い，誤りを防止するために三審制がとられている。第一審⇒控訴⇒第二審⇒上告⇒第三審という裁判の流れをおさえる。**民事裁判**は，金銭の貸し借りや損害賠償，私的な法律関係の争いを裁くために行われる。**刑事裁判**は，刑法上の犯罪を裁くために行われる裁判で，地方裁判所で行われる重大な刑事裁判の第一審に**裁判員制度**が導入されている。

❸**三権分立**のしくみとして，国会と裁判所の関係では弾劾裁判と**違憲立法審査権**を，国会と内閣の関係では**内閣不信任決議**と**衆議院の解散**を，裁判所と内閣の関係では，**違憲審査**と**最高裁判所長官の指名**・その他の**裁判官の任命**の関係を整理しておさえておく。また，国民からのはたらきかけとしての選挙・国民審査・世論などについてもおさえる。

解答（pp.18〜19）

1 (1)ウ　(2)X—30　Y—4

(3)①民主主義　②直接請求権

(4)A—50分の1　B—3分の1

　　C—首長　　D—監査委員

　　E—選挙管理委員会

(5)リコール

(6)例市町村の合併が行われたから。

(7)オンブズマン（オンブズパーソン）

2 (1)(名称)地方交付税交付金

(理由)例A県の方が地方税の割合が低いから。地方公共団体の財政格差を是正するために支給される地方交付税交付金の割合が高い。

(2)①審議（議決）

②例互いに抑制と均衡を保つ

(3)例企業と大学などが連携することで、地元に研究センター関連の仕事が生まれ、都市への人口流出を防ぐことが期待される。

📝記述問題にチャレンジ 例(地方公共団体が、)自立して活動できるようにするため、国が地方公共団体に仕事の権限と財源を移すこと。

解　説

1 (1)アは内閣の仕事、イは裁判所の仕事である。

(2)市(区)町村長の被選挙権は**満25歳以上**、都道府県議会議員や市(区)町村議会議員の被選挙権も**満25歳以上**であり、任期は首長、議員ともに**4年**である。

(6)1999年から2010年にかけて、「平成の大合併」と呼ばれる市町村の合併が進められた。これは、仕事の効率化、財政の安定化、少子高齢化など多くの問題が、1つの地方公共団体だけでは対応が難しくなったため、国の後押しもあって進んだ。

(7)行政に対する苦情や要望を受け付け、中立的な立場から調査する制度を**オンブズマン制度**という。スウェーデンで始まり、日本では1990年に神奈川県川崎市で初めて導入された。

！ここに注意 (4)直接請求権の必要署名数は、主権者である住民に選ばれた**首長や議員、議会に関連する重要事項は3分の1以上**、それ以外が**50分の1以上**である(有権者数が40万人以内の場合)。

2 (1)**地方交付税交付金**は、地方公共団体間の歳入の不均衡を是正するためのものであり、自主財源の地方税の割合が高い公共団体には少なく、低い公共団体には多く支給され、使途は決まっていない。同じく国から支給される**国庫支出金**は、社会保障など使途が決まった特定の費用にあてるものであり、各地方公共団体に一定の割合で支給される。

(2)①首長は議会が決定した予算や条例などに対して、「審議（議決）のやり直し」を求めることができる。この権限を**再議請求権**、または**拒否権**ともいい、国政における長である内閣総理大臣にはない権限である。

②首長に①の権限があるのは、地方政治においては、首長も議会議員もともに、住民の**直接選挙**により選ばれ(二元代表制)、抑制と均衡関係の中で、住民のより良い暮らしを実現しようとする考えの現れである。

(3)世界から研究者など多くの人材が来ることで、地元の企業も製品の販売などで利益を得られ、企業の発展により、若者世代を中心に人材が地元にとどまり、世界との交流の中で地元がさらに発展することが期待される。

！ここに注意 (1)地方公共団体が国から支給される資金（依存財源）のうち、使途が自由な地方交付税交付金は、**自主財源**である地方税が少ない地方公共団体ほど割合が大きいことに注意する。

📝記述問題にチャレンジ 多くの地方公共団体では、自主財源である地方税が歳入の3〜4割しかなく、国からの補助に頼らざるを得ない状況である。その結果、国の権限が大きくなりすぎ、正常な地方自治とはいえない状態となっていた。そこで、1999年に制定された**地方分権一括法**をきっかけに、財源を地方へより多く移し、国の仕事も地方公共団体へ移すことで、より地方の実態に合った政治を行うという**地方分権**が進められた。

📖入試攻略Points

対策 ❶地方公共団体の仕事としては、自治体が独自で処理する自治事務(上下水道やごみ処理場の整備、学校や図書館の運営、警察や消防、病院・薬局の開設許可など)と、国が果たすべきものを法律・政令に基づき自治体が代わりに行う法定受託事務(パスポートの交付、戸籍の管理、国政選挙の事務など)がある。

　自主財源の確保や国からの権限移譲など**地方分権**をどのように進めるかが課題となっていることをおさえる。

❷直接請求権

請求の種類	必要な署名数	請求先	請求後
条例の制定・改廃	有権者の50分の1以上	首長	20日以内に議会で採決し、結果を発表。
監査	有権者の50分の1以上	監査委員	監査を実行し、結果を発表。
首長・議員の解職	有権者の3分の1以上※	選挙管理委員会	住民投票を行い、過半数の同意で解職。
議会の解散	有権者の3分の1以上※	選挙管理委員会	住民投票を行い、過半数の同意で解散。
その他のおもな職員の解職	有権者の3分の1以上※	首長	議会の定数の3分の2以上が出席し、その4分の3以上が賛成すれば解職。

※有権者数が40万人を超える場合は、必要署名数が緩和される。

❸地方税などの**自主財源**が少なく、**依存財源**に頼らざるを得ない地方公共団体が多い。依存財源には、地方公共団体間の歳入の不均衡を是正するため、国が交付する使途が自由な**地方交付税交付金**、義務教育など特定の経費の一部について、国が使途を決めて支出する**国庫支出金**、借金の証書である**地方債**などがある。

---

9 時間目　消費生活と経済

解答（pp.20〜21）

1. (1)① **給与所得（勤労所得）**　② **事業所得（個人業主所得）**　③ **財産所得**
   (2) **イ**
2. (1)（長所）例 その場で現金がなくても買い物ができる点。
   （注意点）例 収入を考えて計画的に買い物をするように注意する。
   (2) **クーリング‐オフ**
   (3) **製造物責任法（PL法）**
   (4) A—**消費者基本法**　B—**消費者庁**
3. (1)例 卸売業者を通さないため、小売業者が商品を安く**仕入れる**ことができ、消費者に安い価格で商品を**販売する**ことができる。（卸売業者を通さないため、小売業者の商品の**仕入れ**時間が短くなり、消費者に早く新しいものを**販売す**ることができる。）
   (2) **商業**

---

(3)例 データ管理によって、よく売れている商品を適切な段階、適切な数で本部から配送してもらえる点。
(4) **エ**

✎記述問題にチャレンジ 例 消費者の「知らされる権利」などに対して、消費者に必要な情報を提供する責任を果たしている。

解説

1 (2)**ア**.「預貯金」が1996年・2010年・2020年に、「消費支出の総額」を上回っている。**イ**.「支出総額」に占める「消費支出の総額」は、1986年は43.4%、2020年は28.5%となっている。**ウ**.「実支出以外の支出の総額」が1996年・2010年・2020年に、「実支出の総額」を上回っている。**エ**. 2020年の「預貯金」は1986年の約2.2倍になっているが、2020年の「支出総額」は1986年の約1.6倍にとどまっている。

> ⚠ここに注意　(2)家計の支出に関しては、実際の数値があげられ出題される傾向にある。適切に数値を読み取ることができるようにしておくこと。

2 (1)クレジットカードは、その場に現金がなくても商品を購入できるしくみになっている。そのため、消費者の購買意欲を高め、経済活動が活性化する。しかし、クレジットカードを使用して購入した商品の代金は、後に銀行口座から引き落とされるため、収入に合った商品の計画的な購入が必要となる。
(2)訪問販売や割賦販売などで、購入契約を結んだ消費者が一定期間内なら、書面によって契約を取り消すことができる。
(3)**製造物責任法（PL法）**は、1994年に制定された法律であり、製造者に**過失がない**場合でも被害の救済を義務づけていることに注意する。
(4)**A**. 2004年に消費者保護基本法が**消費者基本法**に改正され、消費者の自立を支援するとともに、消費者の権利、事業主の責務、行政機関の責務などが規定された。**B**. 2009年には、消費者行政をとりまとめる政府の機関として**消費者庁**が設置された。

> ⚠ここに注意　(2)〜(4)消費者の権利や消費者保護制度、消費者保護のための法律（**消費者基本法・製造物責任法・消費者契約法**）などの消費者保護行政を確認しておく。
> 　近年は、環境に配慮した「地球にやさしい」消費生活を営むことが求められ、「**リデュース（無駄な消費をおさえる）**」「**リユース（再利用）**」「**リサイクル（再資源化）**」の3R運動が提唱されている。

3 (1)生産者と消費者の間に，卸売業者などが複数介在すると，各業者が諸費用や利潤を追加した商品を次の小売業者に販売するため，消費者の手元に届くまでには，それらの費用や利潤も含まれた商品の価格設定となる。また，各業者の仕入れ，販売の手間(時間)もかかり，消費者へ届くのにも時間が必要となる。

(3)**POSシステム**は，商品の在庫管理や効率的な商品の発送，さらには集めたデータをもとに新商品の開発などが可能となるため，多くの小売業などの販売店で取り入れられている。

(4)**ア**は11456(十億円)の半分は5728(十億円)であることから誤り。**イ**は 1980×3＝5940 であることから誤り。**ウ**は 2010 年であることから誤り。

> **！ここに注意** (2)**卸売業，小売業，流通，商業**など用語の区別を確実にしておく。

> ✎ **記述問題にチャレンジ** 「消費者の4つの権利」とは，1962年にアメリカ合衆国の**ケネディ大統領**が提唱したもので，**「安全を求める権利」「知らされる権利」「選択する権利」「意見を反映させる権利」**から成り立っている。食品などの成分表示については，不当表示や誇大広告によって，消費者の利益(権利)が損なわれないよう，法律や業界団体による自主的なルールが設けられている。

📖 入試攻略Points

対策 ❶**家計**…おもに**消費活動**を行い，企業に労働力を提供し，賃金(収入・所得)を得る。**家計の収入**には，**給与所得(勤労所得)・財産所得**(地代や家賃収入，利子や配当など)・**事業所得**(個人業主所得，農業・商店・工場などを経営することによって得られる収入)がある。

家計の支出には，**消費支出**(生活に必要な財やサービスの購入にあてられる支出)と**非消費支出**(税金や社会保険費などの支出)を合わせた**実支出**，預貯金・保険のかけ金・株などの購入にあてられる**実支出以外の支出**があることをおさえておく。

❷わが国の**消費者保護行政**として，以下の法令を整理しておさえておく。

- **消費者基本法**(2004年に消費者保護基本法を改正)…危害の防止，表示の適正化，苦情処理体制の整備を図る。
- **製造物責任法(PL法)**…製品の欠陥により消費者が被害を受けた場合，企業(製造者)に過失がなくても，企業に被害者の救済を義務づける。
- **消費者契約法**…**クーリング-オフ**の制度や民法の規定で救えなかった被害の解決を目ざす。
- **消費者庁**…国民生活センターや消費者生活セン

ターを取りまとめ，消費者問題の解決にあたる。2009年に設置。

❸クレジットカードのしくみ

流通のしくみと合理化…これまでの流通は，複数の業者が介在していたため，多くの手間・費用がかかっていた。そこで，大型の量販店などでは，**流通の合理化**を図るため，生産者から大量の商品を直接仕入れるという動きが広まっている。インターネットを利用したオンライン-ショッピングも直接生産者から仕入れているところが多い。

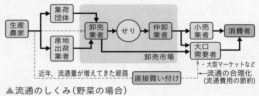

▲ 流通のしくみ(野菜の場合)

POSシステム…商品の販売状況をコンピューターでチェックし，在庫や商品の搬入・製造などを管理するシステムである。

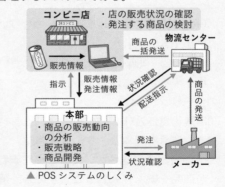

▲ POSシステムのしくみ

---

10 時間目 生産のしくみと労働

解答 (pp.22～23)

1 (1)a—ウ　b—ア　c—オ

(2)イ

12

(3)① p―イ　q―エ　r―ア　s―オ
　　②独占禁止法
　　③公正取引委員会
(4)ア

2 (1)A―団結権　B―団体交渉権
　　C―団体行動権(争議権)
(2)労働基準法
(3)例仕事内容や労働時間は同じでも，賃金は安い。
(4)X―長い
　　Y―短くなっている
　　Z―ワーク-ライフ-バランス

📝記述問題にチャレンジ　例必要な資金を少額の株式に分けて発行し，多くの人々に買ってもらうことで資金を集めることができるから。

解説

1 (1)図Ⅰ中のaは生産のために必要なお金である**資本**，bは実際に商品を生産するために必要な人間の**労働力**，cは商品を販売して得た**利潤**(利益)である。
(2)**拡大再生産**とは，企業が利潤をできるだけ多く得るために，生産規模を拡大しながら再生産を行うこと。**ア**の単純再生産とは，同じ生産規模で再生産を行うこと。**ウ**の縮小再生産とは，生産規模を次第に縮小しながら再生産を行うこと。
(3)①国や地方公共団体が経営する企業を**公企業**，民間の個人や組織が経営する企業を**私企業**という。また，国や地方公共団体と，民間が共同で資金を出して経営する**第3セクター**と呼ばれる企業形態もある。私企業は，より多くの利潤を得ることを目的に設立されているが，環境を破壊しないことや，消費者により良いものを安く提供すること，雇用を守ることなど，**企業の社会的責任(CSR)**を果たすことが求められている。
②**独占禁止法**は，GHQによる戦後の占領統治下に行われた財閥解体の一環として，企業による独占を防止するために制定された。
(4)aの株主は，出資額の範囲でのみ責任を負う(有限責任)。bの株主総会は，1人1票ではなく，1単位株につき1票の議決権があり，さまざまな議決が行われる。cの配当は，会社の利益に応じて，株主の所有する株式数をもとに分配される。dの株式市場では，会社が発行(供給)する株式数よりも，買いたい(需要)方が多ければ，株価は上昇する。

⚠️ここに注意　(4)株式会社のしくみを示した図はよく出題されるので，内容を理解，確認しておく。

---

2 (2)休憩・休日の決まりや労働時間の決まりなど，労働条件の最低基準を規定している法律が**労働基準法**である。
(3)今日，全労働者の**約4割**を占める非正規雇用労働者(パート，アルバイト，派遣労働者，契約労働者)は，正規雇用労働者と比べて，一般的に賃金が安くおさえられている。また，不況などの際，労働時間の短縮や解雇の対象になりやすく，経済的に不安定な立場に置かれている。
(4)Z．**ワーク-ライフ-バランス**とは，ワーク(仕事)とライフ(日常生活)との調和(バランス)を図りながら，だれもが働きやすいしくみをつくろうとするものである。

⚠️ここに注意　(2)労働基準法の規定である，1日8時間以内，1週間40時間以内労働など，数値が問われることも多い。

📝記述問題にチャレンジ　必要な資金を少額の**株式**に分けて販売し，それを買ってもらう(買った人，出資者のことを**株主**という)ことで，資金を集めることができるので，大企業は，株式会社の形態をとることが多い。

📖 入試攻略Points

対策 ❶**生産の三要素**は，**労働力・土地**(自然)・**資本**(道具・機械・工場など)である。この三要素が有機的にはたらきあって商品が生産される。生産されたものは消費されてなくなるため，生産を絶えず繰り返す必要がある。この繰り返し生産されることを**再生産**と呼ぶ。再生産は，通常，**拡大再生産**(最初の投資額より投資額を大きくすることで生産規模を拡大し，利潤をより多く得ること)を目ざして行われている。
❷**大企業と中小企業の比較**

	大規模事業所(従業員300人以上) 1.0%	
事業所数	中小規模事業所(従業員299人以下) 99.0	
従業者数	32.7%	67.3
製造品出荷額等	52.6%	47.4

(2020年6月1日現在。製造品出荷額は2019年)
(2022/23年版「日本国勢図会」)
▲製造業における大企業と中小企業の割合

市場独占の形態には次のようなものがある。
• **カルテル(企業連合)**…同種の企業が独立を保ったまま協定を結ぶこと。
• **トラスト(企業合同)**…同種の複数の企業が独立性を捨て，1つの大企業に合同すること。
• **コンツェルン(企業連携)**…親会社が株式保有を通じて多くの子会社を支配し，広い産業部門を結合して利益を図ろうとすること。

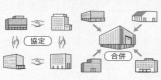

▲企業の集中

　株式会社は，資本主義経済では最も多い企業形態である。多くの資本を得るために，資金(資本)を少額の**株式(株)**に分けて発行し，不特定多数の人々に売ることで多額の資本を集めている。株式を購入した人を**株主**といい，**配当**を得たり，**株主総会**に出席し，会社の経営方針や役員を決めるときに意見を述べたりする権利をもっている。

❸**労働基本権(労働三権)**とは，**団結権**(労働者が賃金や労働条件の改善などを要求するため**労働組合**を結成，加盟する権利)，**団体交渉権**(労働組合が労働条件について使用者と交渉する権利)，**団体行動権**(**争議権**ともいう。団体交渉をしても労使間で意見が一致しないとき，労働組合がストライキなどを行う権利)の3つであり，日本国憲法第28条で規定されている。

　労働三法とは，労働組合法，労働関係調整法，労働基準法の3つをいう。団結権や団体交渉権などを認めた**労働組合法**が1945年に，労働争議の予防や解決を目ざして1946年に**労働関係調整法**が制定された。1947年には労働者が人間らしい生活を営むことができるように，労働条件の最低基準を規定した**労働基準法**が制定された。

11 時間目　市場のしくみと金融

解答(pp.24〜25)

1 (1)①A—需要　B—供給　②均衡価格
　　③a—イ　b—エ　④ア
　(2)(記号)ア
　　(理由)例サバの漁獲量が多いと供給量が増えるため価格が下がり，漁獲量が少ないと供給量が減るため価格が上がるから。
　(3)公共料金
2 (1)a—貸し出し　b—預金　(2)政府
　(3)例個人や企業からの預金の利子率よりも，貸し出す利子率を高くすることで利潤を得ている。

(4)中央銀行
(5)X—買う　Y—増や　Z—公開市場操作(オープン-マーケット-オペレーション)
(6)A—4000　B—高　C—ア　D—エ

📝記述問題にチャレンジ 例**株式などを発行し，個人や投資家から直接資金を集める方法。**

解説

1 (1)①A．価格が下がれば下がるほど数量が増えている(**右下がりの曲線**)。B．価格が上がれば上がるほど数量が増えている(**右上がりの曲線**)。②需要量(一定の価格で買おうとする量)と供給量(一定の価格で売ろうとする量)が一致したときの価格を**均衡価格**という。また，商品が市場で売買されている価格を市場価格という。③供給量が需要量を上回れば価格が下がり，需要量が供給量を上回れば価格は上がる。このような経済活動を**市場経済**という。

(2)資料から2012年，2014年は前の年と比べて漁獲量が多くなっている。漁獲量＝供給量が増えると，需要量は変化しないということのため供給量＞需要量となり，供給量に余りが生じるため価格は下がることになる。

(3)**公共料金**は日常生活に大きな影響を与えるので，市場で価格を決めることは認められていない。

> ⚠️ここに注意　(1)**需要**と**供給**に基づく**市場価格・均衡価格**の決定は，グラフとともによく出題される。需要量と供給量の変化によって，価格がどのように変化するかグラフから読み取れるようにしておく。

2 (1)銀行は，個人や企業などから預金を預かり(**預金業務**)，資金が必要な個人や企業に貸し出しする(**貸出業務**)。日本銀行は，一般の銀行(市中銀行)から預金を預かり(預金準備率)，資金を一般の銀行に貸し出す。

(2)わが国の**中央銀行**としての**日本銀行**は，政府の財政資金を扱うことから政府の銀行という。

(3)預金業務(利子率が低い)と貸出業務(利子率が高い)の利子率の差や手数料が，銀行の収益となる。

(5)日本銀行の行う**金融政策**の1つとして，**公開市場操作**(オープン-マーケット-オペレーション)がある。公開市場操作とは，景気を調整し国民生活の安定を図るために，公債(国債など)を売買することによって通貨の量を調節すること。不況のときは，日本銀行は国債を一般の銀行から買い，通貨量を増やす(買いオペ)。好況のときは，国債を一般の銀行に売り，通貨量を減らす(売りオペ)。

(6) 1ドル＝125円 のとき，200万円の自動車のアメリカでの価格は 200(万円)÷125(円)＝16000(ドル)，1ドル＝100円 のときは20000(ドル)となり，同じ商品が4000ドル高くなる。この結果，アメリカでは値上がりとなり，アメリカでの売れ行きが落ちるため，日本の輸出企業にとっては不利となる。なお，1ドル＝125円 とは，125円で1ドルの商品を買うと考えてみると，1ドル＝100円 は，100円で1ドルの商品が買えるので，円高は輸入には有利となる。

!ここに注意 **2 日本銀行の3つの役割と公開市場操作や預金準備率操作などの金融政策**について，整理しておく。

記述問題にチャレンジ **直接金融**とは，企業が株式などを発行し，個人や投資家から直接資金を集める方法である。それに対して**間接金融**があり，家計などが金融機関に預けた預貯金をもとに，金融機関が資金を貸し付ける方法である。

📖 入試攻略Points

対策 ❶需要量＞供給量→商品不足のため価格は上昇する。需要量＜供給量→商品が余るため価格は下落する。価格の上昇→利潤が増えるため供給量は増加するが，需要量は減少する。価格の下落→需要量は増加するが，利潤が減るため供給量は減少する。これらを通して，需要量と供給量のつり合いが取れる**均衡価格**に落ち着くこととなる。
❷日本銀行が景気調整のために行う**金融政策**の中心は，日本銀行と市中銀行の間で国債などを売買する**公開市場操作**（オープン-マーケット-オペレーション）である。

好況(好景気)のとき	不況(不景気)のとき
日本銀行	
公開市場 （国債などの売買）	
代金 ← 国債など を売る	国債など → 代金 を買う
お金の量が減る	一般の 金融機関 お金の量が増える
貸出金利を上げる	貸出金利を下げる
貸し出しが減る	貸し出しが増える
家計の消費減 企業の設備投資減	家計の消費増 企業の設備投資増
景気がおさえられる	景気が回復する

▲日本銀行の金融政策

❸日本とアメリカの貿易の場合，円とドルの**為替相場（為替レート）**の変動により，輸出入に影響が及ぶ。

円高 1ドル＝100円が，1ドル＝80円になった場合

 輸出

400万円／4万ドル　→　400万円／5万ドル

円高のときに輸出をすると，外国における自動車の価格が高くなるので，売れにくくなる。

輸入

2万ドル／160万ドル　←　2万ドル／200万ドル

円高のときに輸入をすると，日本における小麦の価格が安くなるので，消費者は得をする。

円安 1ドル＝100円が，1ドル＝120円になった場合

 輸出

6万円／600ドル　→　6万円／500ドル

円安のときに輸出をすると，外国におけるカメラの価格が安くなるので，売れやすくなる。

 輸入

5ドル／600円　←　5ドル／500円

円安のときに輸入をすると，日本におけるオレンジの価格が上がるので，消費者は損をする。

▲円高・円安と輸出入

12 時間目 財政のしくみとはたらき

解答（pp.26〜27）

1 (1)A―政府　B―家計　C―企業
(2)社会資本　(3)財政
(4)エ　(5)a―イ　b―ウ
(6)インフレーション（インフレ）

2 (1)①イ・ウ　②例税を納める人と税を負担する人が異なる税。
(2)①累進課税
②a―例所得が低くなるほど，税への負担割合が大きくなる
b―例景気変動の影響を受けにくい
(3)A―社会保障関係費　C―防衛関係費
(4)例高齢人口の増加による，年金などへの支出の増加のため。

記述問題にチャレンジ 例国債費が増えると政府の借金が増加し，財政を圧迫すること。

解説

1 (1)**A**は税金を集めていることから**政府**，**B**は代金・労働力を**C**に提供していることから**家計**，**C**は商品を提供していることから**企業**である。

(2)インフラストラクチャー（インフラ）とも呼ばれ，道路や上下水道のほかに，鉄道・高速道路・港湾・公園・学校・図書館などがあてはまる。

(4)**図2**は，**ア**が好況（好景気），**イ**が景気後退，**ウ**が不況（不景気），**エ**が景気回復である。資本主義経済では，好況と不況が繰り返しておこる。これを**景気変動（景気の循環）**という。**図2**中の曲線と対照をなす形で，失業・倒産などを示す曲線が表される。

(5)不況（不景気）時には，政府は，減税や公共事業への投資を増やし，公共事業に関係する企業の仕事を増やすことで，そこに関係する労働者の給料の増加を図り，消費を活発化させようとする。

(6)不況（不景気）時には，物価が下がり続ける現象の**デフレーション（デフレ）**がおこりやすい。

> **！ここに注意** (1)の**図1**はよく出題される。政府・家計・企業（経済の三主体）のほかに，矢印が表す語句の内容を理解しておくこと。

2 (1)①**ア**の消費税と**エ**の関税は**Y**にあてはまる。**オ**の固定資産税は，市（区）町村の直接税にあてはまる。②**直接税**は，税を納める人と税を負担する人が同じ税である。

(2)①**所得の再分配**と課税の公平負担の面から，所得の多い人から税金を多く徴収する**累進課税制度**が適用されている。なお，累進課税制度は**相続税**でも適用されている。②消費税は，高所得者も低所得者も同じ税率で負担しなければならないので，低所得者ほど，所得（収入）に占める消費税の負担感（負担割合）が大きくなる。また，食料品など生活必需品にも課税されており，不況（不景気）であっても，食料品の購入を完全に減らすことはできないので，景気変動の影響を受けにくい。

(3)高齢化の影響で，近年に増加が著しいのが**A**の社会保障関係費である。**C**は，1934年（満州事変が始まった1931年）ごろに割合が大きく，第二次世界大戦中も含めて割合が高いのは防衛関係費（軍事費），残る**B**が戦後の経済復興・発展のための公共事業関係費である。

> **！ここに注意** (2)①②所得税の**累進課税制度**，それに対する**逆進性**の性質をもつ**消費税**の特色を，それぞれ理解しておく。

✎記述問題にチャレンジ **国債費**は，**国債**を発行して得た資金である**公債金**の返済にあてるものである。

入試攻略Points

対策 ❶税金は納め先により**国税**と**地方税**，徴収のしかたにより**直接税**と**間接税**に分けられる。

- **国税**…国が課税し徴収する税。
- **地方税**…地方公共団体が課税し徴収する税。
- **直接税**…納税者と税金を実際に負担する者（担税者）とが同じ税。
- **間接税**…納税者と税金を実際に負担する者（担税者）とが異なる税。

		直接税	間接税
国税		所得税・法人税 相続税・贈与税	消費税・酒税・関税 揮発油税・たばこ税
地方税	（都）道府県税	（都）道府県民税 事業税 自動車税	（都）道府県たばこ税 ゴルフ場利用税 地方消費税・軽油引取税
	市（区）町村税	市（区）町村民税 固定資産税	市（区）町村たばこ税 入湯税

▲税金の種類

❷国の歳入・歳出の内訳

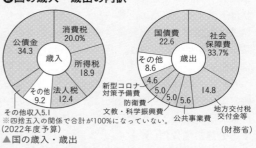

その他収入5.1
※四捨五入の関係で合計が100%になっていない。
（2022年度予算）
（財務省）

▲国の歳入・歳出

国の歳入の中心になるのは租税であるが，税収不足を補うため国債を発行して得た公債金の割合が大きい。

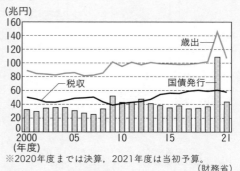

※2020年度までは決算，2021年度は当初予算。
（財務省）

▲国の歳出，税収と国債発行額

バブル経済の崩壊（1990年代初頭）をきっかけに税収はのび悩む一方，歳出増が続いたため，税収と歳出の差が拡大していった。その差を埋めるため，国債発行額が増えた。

❸政府は財政政策を通して，景気の安定化を図っている。

景気変動

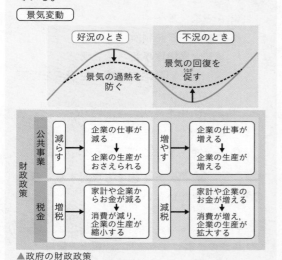

▲政府の財政政策

13 時間目　社会保障と環境の保全

解答（pp.28〜29）

1 (1)**生存権（社会権）**

(2)a ー**イ**　b ー**エ**
　　c ー**ア**　d ー**ウ**

(3)(記号)**A**
　（理由）例**高齢化が進み，年金や医療保険にかかる社会保険費が増加していると考えられるため。**

(4)例**40歳以上の人が保険料を前もって支払い，介護が必要となったときに，そのサービスを受けることができる制度。**

(5)X ー**増加**　Y ー**減少**
　　Z ー**重く（大きく）**

2 (1)①**高度経済成長**　②**ア**
(2)**環境基本法**
(3)**ウ**
(4)P ー**資源**　Q ー**持続可能**

📝記述問題にチャレンジ　例**資源の再利用（リサイクル）や再使用（リユース）によって，天然資源の消費をおさえることができる。**

解　説

1 (1)**社会権**の1つとして**生存権**がある。憲法第25条は，生存権を保障した条文である。

(2)わが国の**社会保障制度**は，**社会保険・社会福祉・公的扶助・公衆衛生**の4つの柱で構成されている。

(3)高齢化が進むことにより，社会保険費は年々増加している。社会保険の制度として，健康保険や年金保険などがあることから考える。

(4)介護が必要になった人が，介護サービスなどを受けるのに必要な費用を支援するしくみ。2000年4月から導入された。

(5)各種の社会保険制度は，15〜64歳の生産年齢人口によって支えられている。生産年齢人口が減少し，老齢人口が増加すると，国民1人あたりの負担は増加する。

⚠️ここに注意　(1)(2)(5)生存権を保障するために，社会保険・社会福祉・公的扶助・公衆衛生の4つの柱からなる社会保障制度が整備されたことと，社会保障制度のしくみと課題を整理しておさえておく。

2 (1)①高度経済成長期に四大公害病が発生した。
②四大公害病については，下の表のように整理して確認しておくとよい。

四大公害病	発生地域	原因物質
イタイイタイ病	富山県 神通川流域	カドミウム （水質汚濁）
水俣病	熊本県・鹿児島県 八代海沿岸	有機水銀 （水質汚濁）
四日市ぜんそく	三重県 四日市市周辺	硫黄酸化物 窒素酸化物 （大気汚染）
新潟水俣病	新潟県 阿賀野川流域	有機水銀 （水質汚濁）

(2)**環境基本法**は，1993年に**公害対策基本法**を発展させて制定された。地球的規模の環境問題に対応するために，国の基本的な方針や原則を定めている。

(3)事前評価を**アセスメント**という。環境破壊を事前に防ぐことを目的に，1997年，環境影響評価法（環境アセスメント法）が制定された。

(4)人類が現在の生活の質を落とさずに，将来にわたり生活の必要を満たし，より質の高い生活の形成を目ざす社会を「持続可能な社会」という。

⚠️ここに注意　(2)環境問題に対するわが国の取り組みについて，整理しておく。

📝記述問題にチャレンジ　**循環型社会**の実現のために，3R「**リデュース（ごみを減らす）**」「**リユース（ごみを再使用する）**」「**リサイクル（ごみを再資源化する）**」を推進することが大切である。

対策　❶わが国の**社会保障制度**の4つの柱

種類	おもな内容
社会保険	病気・老齢・失業などに備えるため，前もってかけ金を積み立てておく健康保険・年金保険・雇用保険・介護保険など。
社会福祉	子どもや高齢者，障がい者など，社会的に弱い立場にある人の世話をしたり援助したりして，生活を保障している。
公的扶助	収入が少なく生活に困っている人に，生活保護法に基づき生活費などの支給を行うことなどで生活を保障している。
公衆衛生	病気の予防や健康管理，生活環境を整え，国民の健康保持，増進を図っている。

❷**高齢者の増加**にともない**医療費や年金給付額が増加**する一方で，**少子化**にともない健康保険や年金保険を支える生産年齢人口（15～64歳）が減少しているため，高齢者を支える現役世代（生産年齢人口）の**負担が重く**なっている。また，少子化対策の1つとして育児・介護休業法も制定され，育児環境の整備による子どもを産める状況づくりも進められている。

❸ 1967年に制定された**公害対策基本法**は，公害を防止し，経済の発展と国民の生活環境を守ることが目的であったため，環境を保全し，よりよい環境に改善することが難しかった。そこで，1971年に**環境庁**（2001年より環境省）が設置され，環境保護・保全が図られた。さらに，1993年には**環境基本法**が制定され，積極的に環境保全が図られるようになり，生活環境が改善されていくなか，1997年に**環境アセスメント法**が，2000年に**循環型社会形成推進基本法**が制定された。

14 時間目　国際社会のしくみ

解答（pp.30～31）

1　(1)**イ**
　(2)例**外国から干渉されず独立して自国を治めることができる権利をもつ国。**
　(3)例**沖ノ鳥島が水没すると，領土のほか，その周囲に広がる排他的経済水域も失うことになるから。**

　(4)**国際法**
2　(1)①**ニューヨーク**　②**ウ**
　(2)**A―エ　B―イ**
　(3)①**国際司法裁判所**　②**総会**
　　③**安全保障理事会**　④**フランス**
　　⑤例**常任理事国1か国が拒否権を行使したから。**
　(4)a―**UNICEF**　b―**UNESCO**
　　c―**PKO**
　(5)**X―オ　Y―イ**

✏️ 記述問題にチャレンジ　例 **1国でも反対すると議案の決定ができないという権限。**

解説

1　(1)**国家の主権**の及ぶ範囲は，**領土・領海**（沿岸より12海里）・**領空**（領土と領海上の大気圏までの空）である。領土・領海・領空を合わせて**領域**という。
(2)主権国家とは，他国から干渉を受けずに独立して自国を治めることができる権利をもつ国をいう。**国家が成立する三要素とは領土（領域）・国民・主権**である。
(3)国連海洋法条約により，沿岸より200海里（約370km）までの範囲のうち，領海を除いた部分を**排他的経済水域**として定めている。沿岸国は，排他的経済水域内の水産資源や鉱物資源などの探査と開発に関する権利が得られるが，資源の管理や海洋汚染防止の義務を負うことになっている。
(4)**国際法**は，**条約**（成文化されたもの）と**国際慣習法**（慣習によって成り立っている不文のもの）からなる。

2　(1)② 1945年に国連が発足したときの加盟国数は51か国であり，2022年7月現在の加盟国数は193か国となっている。未加盟は，バチカン市国，コソボ共和国など数か国のみである。
(2)**ア**は南北アメリカ，**イ**はヨーロッパ・旧ソ連，**ウ**はアジア，**エ**はアフリカである。
(3)①**国際司法裁判所**は国際法に基づき，当事国の合意のもと，国家間の紛争についての裁判を行う機関であり，オランダの**ハーグ**に本部が設置されている。②**総会**では，各国が1票の議決権をもち，重要問題については3分の2以上，一般問題については過半数で議決する多数決制がとられている。総会の決議は勧告にとどまり，法的拘束力はもたない。⑤国連の**安全保障理事会**の**常任理事国**5か国には，五大国が一致して世界平和に貢献すべきであるという考えから，**拒否権**が与えられている。そのため，重要問題については安全保障理事会の14か国が賛成しても，常任理事国の1か国でも反対すると，議決は成立しない。

(4) a ．国連児童基金（ユニセフ），b ．国連教育科学文化機関（ユネスコ），c ．国連の平和維持活動である。

(5) アはアメリカ・メキシコ・カナダ協定，イはアジア太平洋経済協力会議，ウはヨーロッパ連合，エは東南アジア諸国連合，オは環太平洋経済連携協定である。

> ⚠️**ここに注意** (3)⑤，(4) a・b 国際連合の安全保障理事会の拒否権にかかわる問題，専門機関のはたらきに関する出題が多い。

📝**記述問題にチャレンジ** 拒否権は，国連の安全保障理事会の常任理事国 5 か国がもつ，1 か国でも反対すると議案の決定ができないという権限であり，安全保障理事会の決議時にのみ有効である。

📖**入試攻略 Points**

対策 ❶**領域**とは領土・領海・領空から成り立ち，外国から干渉されず，その国が独自に治める権利（**国家の主権**）が及ぶ範囲となっている。領海は沿岸から 12 海里が一般的となっていて，領海の外側を公海というが，現在では，沿岸から 200 海里までの範囲のうち，領海を除いた部分を**排他的経済水域**として沿岸国の経済的利益（漁業権，海底資源の採掘・利用権など）が認められている。

❷**国際連合**のしくみとしては，全加盟国が参加し，1 国 1 票の投票権をもつ最高議決機関としての**総会**，世界平和の維持をおもな任務とする**安全保障理事会**，経済・社会・文化などについての国際協力を促進する**経済社会理事会**，国家間の紛争を解決する**国際司法裁判所**，独立していない地域の行政を監督する**信託統治理事会**（すべての地域が独立したため活動停止中），国際連合のすべての機関の運営を統括する**事務局**がある。

安全保障理事会は，5 **常任理事国**（米・英・仏・露・中）と 10 非常任理事国から構成されている。平和維持にかかわる重要問題については**五大国一致の原則**（常任理事国の 1 か国でも反対すると議決できないという原則）があり，常任理事国は**拒否権**をもっている。また，PKO（平和維持活動）・PKF（平和維持軍）の派遣についても安全保障理事会で決定される。

入試でよく出題される**専門機関**としては，UNESCO（国連教育科学文化機関），UNICEF（国連児童基金），UNHCR（国連難民高等弁務官事務所），UNCTAD（国連貿易開発会議），IMF（国際通貨基金），IBRD（国際復興開発銀行），WTO（世界貿易機関）など。

❸**地域主義（リージョナリズム）**とは，地域的に近い国々が，共通の課題に対して結びつきを強化し

ていく動きのことであり，さまざまな組織をつくっている。問題で取り上げたもののほかに，**アフリカ連合（AU）**，**南米南部共同市場（MERCOSUR）**などがある。貿易に特化したものとしては，TPPのほかに，**FTA（自由貿易協定）**，**EPA（経済連携協定）**を結ぶ動きもさかんである。

15 時間目 国際社会の課題

解答（pp.32〜33）

1
(1) 難民
(2) ① 例 発展途上国間の，資源がある国とない国との経済格差などの問題。
　　② 例 労働に応じた公正な価格
(3) ① A―ウ　B―ア　C―イ
　　② 例 自然分解するまでに長い年月がかかり，新しいプラスチックごみの量が，魚の量よりも多くなる可能性がある点。

2
(1) ① アメリカ合衆国
　　② 例 先進国が発展途上国へ技術協力をすることで，発展途上国の技術的な自立が可能となり，現在だけでなく将来にも役立つ技術が残るから。
(2) a ―京都　b ―パリ
(3) 例 二酸化炭素の排出がない
(4) イ
(5) SDGs

📝**記述問題にチャレンジ** 例 将来においても現在の環境の質を落とさずに生活できるように，環境を保全しながら開発を進めること。

解　説
---

1 (2)① 南半球に多い発展途上国と，北半球に多い先進国との間の，経済格差などの問題を**南北問題**という。② 先進国の企業などが利潤を得ることを目的に，現地の労働状況などを無視して不当に安い価格で農産物を購入すると，現地の人々の収入減により，貧困が生じることとなるため，フェアトレードが注目されている。(3)① アは，窒素酸化物などによる**酸性雨**が原因の，樹木や建造物の被害である。イは，**フロン**による**オゾン層の破壊**が原因の健康被害である。ウは，二酸化炭素などの**温室効果ガス**による**地球温暖化**の結果生じた環境破壊である。② 分解にかかる年数と，ごみの量の増加を**資料 1・資料 2** から読み取り記述する。

19

❗ここに注意 (3)①環境問題がおこる地域や，原因物質もおさえておく。

2 (1)①**B**はドイツ，**C**はイギリス，**D**は日本である。金額では日本は4位であるが，GNI（国民総所得）に占める割合が日本は0.31%と低く，ドイツの0.73%，イギリスの0.70%には及ばない。金額では6位のスウェーデンは1.14%と世界第1位の割合である。

(2)**京都議定書**は，地球温暖化の原因物質の排出が，それまで発展していた先進国が主要因とし，先進国のみに温室効果ガスの排出削減が義務づけられ，発展途上国にはその義務が課せられなかった。そのため，署名したアメリカ合衆国が途中で離脱するなど，実質的効果が期待できないものとなった。その後に採択された**パリ協定**では，先進国，発展途上国にかかわらず，すべての参加国に削減目標の作成や報告を義務づけるものとして発効し，パリ協定からいったん離脱したアメリカ合衆国も復帰し，今日に至っている。

(4)**イ**は1968年に国際連合総会で採択された条約。1970年に発効し，1995年には無期限に延長されている。**ア**は2017年に国際連合総会で採択された，すべての核兵器の保有，使用を禁止する条約で2021年に発効したが，核保有国や日本などはこの条約に参加していない。**ウ**はあらゆる核実験を禁止する条約。1996年に国際連合総会で採択されたが発効していない（2022年7月現在）。

(5)2015年，国際連合で開かれた「持続可能な開発サミット」で採択された。

❗ここに注意 (2)京都議定書の問題点，**パリ協定**の内容を理解しておく。

✏記述問題にチャレンジ　「持続可能な開発（発展）」とは，環境の保全と開発は互いに対立するものではなく，共有できるという考え方である。その考えがさらに発展し，将来にわたり生活の必要を満たし，より質の高い生活の形成を目ざす「持続可能な社会」という考え方が生まれた。

📖入試攻略Points

対策　❶発展途上国での貧困対策や自立対策として，フェアトレードのほか，近年，事業を始めようとする人に無担保で少額の資金を融資する**マイクロクレジット**も多くの国々で行われている。
❷世界の環境対策の会議として，次のようなものがある。
1972年　**国連人間環境会議**（スウェーデンのストックホルムで開催）。「かけがえのない地球」をスローガンに，環境問題についての初の大規模な政府間の会議。

1992年　**国連環境開発会議（地球サミット）**（ブラジルのリオデジャネイロで開催）。「持続可能な開発」をテーマに開催。

1997年　**地球温暖化防止京都会議**。京都議定書を採択。先進国に温室効果ガスの排出量削減を義務づける。

2002年　持続可能な開発に関する世界首脳会議（**環境開発サミット**）。（南アフリカ共和国のヨハネスブルクで開催）。地球サミットの行動計画の見直し。

2015年　気候変動枠組条約第21回締約国会議（COP21）で**パリ協定**を採択。参加国・地域すべてに温室効果ガスの削減目標設定などを義務づける。産業革命前からの気温上昇を2℃未満にすることが目標。

❸「**持続可能な開発目標（SDGs）**」とはSustainable Development Goalsの略称。2030年までに達成するべき国際目標であり，17のゴールと169のターゲットからなる。17のゴールは次の通り。

1　貧困をなくそう
2　飢餓をゼロに
3　すべての人に健康と福祉を
4　質の高い教育をみんなに
5　ジェンダー平等を実現しよう
6　安全な水とトイレを世界中に
7　エネルギーをみんなに　そしてクリーンに
8　働きがいも経済成長も
9　産業と技術革新の基盤をつくろう
10　人や国の不平等をなくそう
11　住み続けられるまちづくりを
12　つくる責任　つかう責任
13　気候変動に具体的な対策を
14　海の豊かさを守ろう
15　陸の豊かさも守ろう
16　平和と公正をすべての人に
17　パートナーシップで目標を達成しよう

総仕上げテスト ①

解答（pp.34〜35）

1 (1)世界人権宣言　(2)納税の義務
(3)例当選1期目で，衆議院議員の任期の4年を超えているから
(4)P―内閣　Q―衆議院
R―両院協議会

20

(5)連帯

(6)例人口10万人あたりの弁護士数は全国平均よりも少ないが、法テラスの事務所数は47都道府県の中で最も多い。

(7)地方交付税交付金

② (1)A一家計　B一企業

(2)P一ウ　Q一エ　R一イ

(3)クーリング-オフ

(4)例自分の収入を考えて、支払いが困難にならないように注意して使う。

(5)イ　(6)オ

解説

① (1)世界人権宣言を条約化したものとして、1966年に国際人権規約が国際連合で採択された。

(3)Aさんは、2016年7月に当選しており、2020年7月の時点で4年を迎えている。衆議院議員の任期は4年に対して、参議院議員の任期は6年である。

(4)Q．予算は衆議院に先議権がある。R．各議院の議決が異なった場合、法律案に関しては両院協議会の開催は、日本国憲法第59条3項で「衆議院が、両議院の協議会を開くことを求めることを妨げない」と規定されているが、その他の事項に関しては「必ず」開くことになっている。

(5)内閣が、国会の信任のもとに成り立って連帯して(共同で)責任を負うしくみを議院内閣制という。

(6)法テラス(日本司法支援センターの略称)とは、民事や刑事の紛争を解決するために、必要な情報の提供や、弁護士との相談ができるように設置された機関である。

(7)国が地方公共団体に与える財源には、地方交付税交付金のほかに、使いみちを指定した国庫支出金もある。

!ここに注意 (1)国際連合が採択した、世界人権宣言と国際人権規約の時期と内容の違いをおさえておく。

② (1)・(2)政府へ提供するPはウの税金、Bは商品を提供していることから企業、残るAは家計となり、家計は商品に対してエの代金を支払う。また、企業は家計からの労働力に対してイの賃金を支払う。

(5)アの労働基準法は、労働者が人間らしい生活を営むことができるように、労働条件の最低基準を定めた法律、ウの労働関係調整法は、労働争議の予防や、労働争議の速やかな解決を目ざした法律である。

(6)Bは30歳以上では、年齢層が高いほど高くなっている。Cは18〜29歳の年齢層においては、最も低くはなっていない。

!ここに注意 (1)経済の三主体である、家計、企業、政府の関係を理解しておく。

総仕上げテスト ②

解答 (pp.36〜37)

① (1)A一弾劾裁判(弾劾)
　　B一内閣総理大臣

(2)P一カ　Q一オ　R一ウ

(3)モンテスキュー　(4)エ

(5)例衆議院の優越が適用されるため、衆議院の議決が国会の議決となる。

(6)例女性議員の割合は増加傾向にあるが、世界の国々や世界平均と比べると、その割合は低い。

(7)例内閣が国会の信任のもとに成り立ち、国会に対して連帯して責任を負う制度。

② (1)A一株主　B一直接　C一配当

(2)例(ほうれんそうの入荷量が)多いと価格は安くなり、少ないと価格は高くなる。

(3)ア・ウ・カ

(4)P一ア　Q一エ

(5)例国債を一般の銀行へ売ることで一般の銀行のもつお金の量を減らし、企業などへの貸し出しを減らす。

解説

① (1)A．裁判官を裁判するのが弾劾裁判である。B．内閣総理大臣は、国会が国会議員の中から指名する。

(2)アの選挙は、国民が国会議員を選ぶことにあてはまる。イの世論は、内閣の行う政治に対する国民の意見や考えである。エの違憲審査は、すべての裁判所がもつ、国会や内閣への権限である。

(4)アとイは精神の自由、ウは経済活動の自由である。

(5)衆議院の優越は、予算の議決のほか、条約の承認、内閣総理大臣の指名、法律案の議決、予算の先議、内閣不信任の決議などにもあてはまる。

(6)女性議員の割合に限らず、日本では企業での給与や昇給、役職などの面においても、男性と女性の格差が大きい。その是正のため、女性に特別の機会を設け、男性よりも積極的に登用するポジティブ-アクション(アファーマティブ-アクション)の動きが見られる。

!ここに注意 (5)衆議院の優越の種類と国会の議決となるまでの過程をおさえておく。

2 (1)B. **直接金融**に対し，銀行などの金融機関からお金を借りることを**間接金融**という。

(2)ほうれんそうなどの食料品は，時期による需要量に極端な増減はおこらない。そのため，入荷量＝供給量が増えて需要量を上回ると価格は下がり，供給量が減り需要量を下回ると価格は上がることとなる。

(3)**X**は好況時であり，**ア・ウ・カ**の状況となる。景気の後退から不況にかけては，**イ・エ・オ**の状況となる。

(4)好況時には，政府は増税や道路建設などの公共事業を減らすことで，家計や企業のもつ資金を減らし，景気の過熱を防ごうとする。なお，不況時は，減税を行ったり，公共事業を増やしたりする。

(5)日本銀行は金融政策の中心として，**公開市場操作（オープン-マーケット-オペレーション）**を行う。好況時には，日本銀行が一般の銀行へ「国債などを売る（売りオペレーション）」→「一般の銀行は国債などを買うこととなり通貨（資金）を支払う」→一般の銀行のもつ「お金の量が減る」→一般の銀行は「貸出金利を上げる」→家計や企業は金利上昇により返済が難しくなるため「借りるのを減らす」→「消費や生産が縮小される」→「景気の抑制」となる。なお，不況時は，国債などを「買う」こととなる（買いオペレーション）。

> **！ここに注意** (4)(5)好況・不況時の政府の財政政策，日本銀行の金融政策の内容を整理し理解しておく。

総仕上げテスト ③

解答 （pp.38〜39）

1 (1)a ―控訴　b ―高等裁判所　c ―上告
(2)イ

2 (1)A ―知事　B ―解散　C ―条例
(2)例地方公共団体の首長は住民の直接選挙で選ばれるが，内閣総理大臣は，有権者が選挙で選んだ国会議員で構成される国会が指名する。
(3)X ―600　Y ―首長
(4)例地方は住民の生活に直接関係する行政事務を行っている。

3 (1)ア　(2)イ→ア→ウ
(3)A ―円高　B ―円安　C ―160万
D ―240万
(4)例輸出が困難となってきているため，国内のプラスチックの量を減らし，リサイクルなどを行う。

解説

1 (2)お金の貸し借りなど，個人間の権利や義務を巡って争うのは**民事裁判**，犯罪を犯した疑いのある者を裁くのが**刑事裁判**である。**図2**は，**検察官席や被告人席**があることから刑事裁判，**図3**は，訴えた方である**原告**と，訴えられた方の**被告**の席があることから民事裁判である。

> **！ここに注意** (2)裁判所の法廷内の座席配置から，民事裁判，刑事裁判を問う問題の出題は多いので，検察官，被告人，原告，被告などの用語を正確に理解しておく。

2 (2)地方公共団体では，首長も議員も住民（有権者）の**直接選挙**で選出されるが，内閣総理大臣は有権者による選挙では選出できない。
(3)**条例**の制定・改廃には，**有権者数の50分の1以上**の署名が必要であるので，署名数は**600人以上**となる。請求先は**首長**であり，請求を受けた首長は，その後，20日以内に議会を開き，議会での採決結果を公表しなければならない。

> **！ここに注意** (3)直接請求権の種類と必要な署名数，請求先はよく問われるので，正確な理解が必要である。

3 (1)**A**が**需要曲線**，**B**が**供給曲線**である。生産量が増加，すなわち供給量が増加するので，**B**が右へ移動することとなる。
(2)高齢社会の影響を受け，年金や医療費など**社会保障関係費**の割合が次第に増加しているのが，今日の日本である。また，国債発行により得られた歳入である**公債金**の返済にあてる**国債費**の割合も，増加傾向にある。
(3)1ドル＝100円から1ドル＝80円へと，円の価値が上昇しているのが**円高**，1ドル＝100円から1ドル＝120円へと円の価値が下落しているのが**円安**である。1ドル＝100円のときは2万ドルの自動車は，日本円で100×20000＝200（万円）。1ドル＝80円のときは2万ドルの自動車は，80×20000＝160（万円），1ドル＝120円のときは，120×20000＝240（万円）となる。
(4)海外の各国が輸入を禁止したり規制したりしているため，日本からの輸出が困難となっている。そのため，日本国内での処理量を増やす，ごみとなるプラスチックの生産量を減らす（**リデュース**），プラスチックの再使用（**リユース**），再生利用（**リサイクル**）などが重要となっている。

> **！ここに注意** (3)円高・円安の貿易などへの影響を，価格の計算なども含めて理解しておく。

メモ